**A Arte do Ator:
As Primeiras Seis Lições**

Coleção Debates
Dirigida por J. Guinsburg

Equipe de Realização – Tradução e Notas: J. Guinsburg; Revisão: Geraldo Gerson de Souza e J. Guinsburg; Produção: Ricardo W. Neves e Sylvia Chamis.

richard boleslavski

A ARTE DO ATOR

AS PRIMEIRAS SEIS LIÇÕES

Tradução e Notas de J. Guinsburg

Título do original em inglês
Acting – The First Six Lessons

© Theatre Arts, Inc, 1933.
© Norma Boleslavski, 1949.

"A edição em língua portuguesa foi publicada mediante acordo com Routledge, Chapman and Hall, Inc".

Direitos em língua portuguesa reservados à
EDITORA PERSPECTIVA S.A.
Avenida Brigadeiro Luís Antônio, 3025
01401 – São Paulo – SP – Brasil
Telefones: 885-8388/885-6878
1992

SUMÁRIO

SEIS LIÇÕES DE UM MESTRE DO TEATRO –
J. Guinsburg 9
INTRODUÇÃO – *Edith J. R. Issacs* 15

1ª. CONCENTRAÇÃO 19
2ª. MEMÓRIA DA EMOÇÃO 33
3ª. AÇÃO DRAMÁTICA 51
4ª. CARACTERIZAÇÃO 65
5ª. OBSERVAÇÃO 87
6ª. RITMO 101

SEIS LIÇÕES DE UM MESTRE
DO TEATRO

O nome de Richard Boleslavski pertence à história do teatro europeu e americano de nosso tempo. Sua contribuição como ator e diretor de teatro e cinema, de pronunciado perfil stanislavskiano, está aí inscrita. Mas não é por este motivo que as *Seis Lições* merecem leitura nos dias de hoje. Ainda que o substrato das filiações e das opções artísticas de seu autor as impregne, dando-lhes uma vinculação que nem sempre o texto faz questão de explicitar, o valor da reflexão que incorporam não se resume no papel de um testemunho, nem se revela epigonal. Escritos na década de 30, nos Estados Unidos, e por certo em função da larga atividade desenvolvida por Boleslavski como professor de teatro em Nova York, estes diálogos didáticos, ao modo socrático e stanislavskiano, distinguem-se pela maneira inteiramente pessoal com que integram elementos de uma prática teatral diuturna e conhecimentos das concepções e problemas em pauta nas teorizações da cena moderna, graças a uma filtragem sensível e sintetizadora dos dados da experiência, da observação, da crítica e da meditação sobre o trabalho no palco. Daí o timbre singular das lições aqui ministradas e o seu poder de ressonância para além do momento e do contexto de teatro em que vieram a público. Trata-se, pois, não apenas de réplicas das elaborações estéticas e das soluções artísticas do realismo stanislavskiano, do pensamento teatral e das propostas metodológicas que fizeram escola como apanágio do mestre do Teatro de Arte de Moscou, porém de uma expressão original de um artista e pensador de teatro que soube reelaborar no quadro de seu próprio espírito e de sua própria vivência as idéias e os ensinamentos recebidos, carregando-os de uma riqueza de inflexão peculiar e assegurando para a sua voz uma atualidade subsistente na literatura sobre a arte do ator e de suas representações.

Repassadas de humor e de sensibilidade psicológica, numa linguagem sempre acessível, recorrendo o menos possível à terminologia técnica e ao jargão do Sistema, estas conversas entre o *Eu* e a sua *Criatura*, isto é, entre o mestre-diretor e a discípula-comediante, revelam a mão de um fino escritor *doublé* de dramaturgo que reveste com sua arte os tópicos e os procedimentos fundamentais da atuação no palco e da construção consistente do papel na pele do intérprete. O que resulta desta exposição didascálica e de seu tratamento dramático é uma espécie de comédia pedagógica do teatro sobre a vida do teatro e a formação do ator, refazendo-se assim a busca da realidade pela criação do artista, precisamente na perspectiva de Stanislavski.

Richard Boleslavski, pseudônimo de Ryczard Srzednicki, nasceu em Varsóvia em 1889 e faleceu em Hollywood em 1937. Sua família, da pequena nobreza arruinada, mudou-se para Odessa no fim do século. Nesta cidade, como estudante, participou de demonstrações em favor dos marinheiros do couraçado Potemkin e passou algum tempo na prisão por este envolvimento. Pouco depois começou a fazer teatro em grupos amadores. O seu desempenho, em que a força de temperamento ocultava a falta de técnica, chamou casualmente a atenção de Stanislavski e o jovem diletante conseguiu ser admitido no Teatro de Arte de Moscou, cuja escola para a formação de atores freqüentou por dois anos. Fazia parte de uma turma supervisionada diretamente por Konstantin Alexeiev, que justamente então começava a explicar alguns aspectos do Sistema, ainda embrionário e voltado sobretudo para a emoção e a memória afetiva. Como se sabe, tais propostas provocaram viva oposição de parte de atores veteranos do TAM, mas as reflexões e intuições do mestre encenador encontraram eco entre muitos dos moços que se habilitavam a trabalhar com o famoso elenco. Boleslavski era um deles. Este fato e seu desenvolvimento nesta linha de interpretação devem ter contribuído para que, ao fim do segundo ano de sua admissão, fosse escolhido por Stanislavski e Dantchenko para integrar o grupo que iria preparar a apresentação de *Um Mês no Campo* de Turgueniev, a fim de pôr à prova as idéias do Sistema e sua eficácia na prática do palco. Mais ainda, a sua sintonia com o que estava sendo ensaiado foi de tal ordem que lhe confiaram o papel do protagonista da peça. Boleslavski correspondeu ao enorme crédito que assim se lhe abria e seu desempenho o consagrou junto ao exigente público moscovita.

O êxito em *Um Mês no Campo* marcou o início efetivo da carreira do jovem ator, que, em seguida, atuou em obras de Tchekhov (*As Três Irmãs* e *Tio Vânia*), de Dostoiévski (*Os Irmãos Karamazov*), de Tolstói (*O Cadáver Vivo*), de Gogol (*O Inspetor Geral*) e de Iuschkevitch (*Miserere*). No mesmo período, teve a oportunidade de participar nos trabalhos no TAM para a montagem de *Hamlet*, por Gordon Craig. O teórico e encenador inglês despertou grande interesse em Boleslavski, que não se saiu muito bem, todavia, na personagem de Laerte que lhe coube personificar.

Em 1913, Boleslavski estréia como diretor de teatro, encenando a peça do dramaturgo holandês Herman Heiermans, *Op Hoop van Zegen* (*A Boa Esperança*, 1909). Baseado em um episódio real, *O Naufrágio do "Esperança"*, como se chamou na versão russa, retratava as condições de vida e subsistência dos trabalhadores do mar, pescadores e marujos, tendo alcançado repercussão internacional como obra de protesto social. Esta escolha para o espetáculo de abertura do Primeiro Estúdio do Teatro de Arte de Moscou implicava naturalmente uma afirmação de princípios não apenas artísticos. De fato, encabeçado por Leopold Sulerjitzki, o principal assistente e uma espécie de *alter ego* tolstoiano de Stanislavski na época, o jovem elenco, em que figuravam, entre outros, Mikhail Tchekhov, Ievgeni Vakhtangov, Boris Schuschkevitch e Serafima Birman, reunia, no seu projeto de pesquisa e experimentação das concepções teatrais do co-diretor do TAM, a busca fervorosa da comunidade do ético e do estético na vivência autêntica do real no teatro. A *mise-en-scène* sustentou a prova de fogo. O senso cênico e o entusiasmo criativo de Boleslavski conjugaram-se com a precisa transfusão de sentimento na configuração dramática de Mikhail Tchekhov, cujo desempenho encontrou amparo adequado na atuação dos outros componentes da *troupe*, como atestam as palavras de Stanislavski e Dantchenko, tanto quanto as notícias da crítica.

Na segunda produção do grupo, *O Festival da Paz* de Hauptmann, a direção esteve a cargo de Vakhtangov, cabendo a Boleslavski o papel principal. Parece que o entendimento entre ator e diretor não foi dos melhores, e o próprio espetáculo não convenceu. As notáveis qualidades de Vakhtangov como *régisseur* teatral só se revelaram em outra montagem do Primeiro Estúdio, a peça de Hennig Berger, *O Dilúvio*, apresentada em dezembro de 1915.

Àquela altura, porém, Boleslavski estava afastado de sua atividade no tablado cênico, pois se alistara como voluntário em uma unidade de lanceiros. Em 1917 voltou a trabalhar no teatro, interpretando a figura de Sir Toby, em *Noite de Reis*, de Shakespeare, dirigida por Nikolai Kolin, sob a supervisão de Stanislavski. Neste mesmo ano recomeçou a fazer cinema como ator e diretor, pois já em 1914 e 1915 tomara parte em películas de Protozanov e Gardin e realizara um filme decadentista.

Depois da guerra, foi para a Polônia. Aí, além de filmar atualidades durante o conflito russo-polonês e dirigir uma fita antibolchevique, *O Milagre do Vístula* (1920), produziu uma série de encenações no rastro das pesquisas do Primeiro Estúdio que buscavam um realismo "espiritualizado", isto é, com certa impregnação expressionista. Em Posnan primeiro e depois em Varsóvia, montou: *O Dilúvio* de Berger; *O Grilo na Lareira*, de Dickens; *O Burguês Gentil-homem*, de Molière; *Les Romanesques*, de Rostand; *Misericórdia*, de Rostvorovski; *Ruy Blas*, de Hugo e *Kiki* de Picard.

Boleslavski chegou aos Estados Unidos em 1923. Desde logo se propôs a criar uma espécie de ateliê teatral, algo parecido com os estúdios moscovitas do Teatro de Arte. Com o apoio de outra discípula de K. Alexeiev, a atriz Maria Ouspenskaia, o projeto tornou-se realidade. Durante sete anos, este estúdio-escola moldou jovens atores nas linhas do Sistema. Boleslavski não ficou adstrito ao aspecto psicológico do ensinamento de Stanislavski, mas, como o próprio mestre, e acompanhando a evolução deste naquele tempo, começou a destacar a ação física. Segundo Francis Fergusson e outros alunos seus, o problema da ação era o que mais preocupava o diretor polonês e sua companheira de trabalho. Em ambos, apesar da obediência verista que lhes parecia mais adequada à dramaturgia moderna realista, acentuava-se um traço de teatralidade estilizada. Eram de opinião que, se a cena precisa necessariamente suscitar ilusão, ela não é e nem cria a realidade que representa. Assim, a tradicional percepção mimética do palco não deveria ser tomada como um dogma, pois toda e qualquer dramatização e teatralização requer formalização estética e estilística. Para tal encaminhamento também contribuía o gosto de Boleslavski pelos desenhos da comédia e da farsa, como ficara comprovado em *O Doente Imaginário* de Molière, trabalho que realizara sob a direção de Stanislavski, em Moscou. Seja como for, nos Estados Unidos, os dois professores do American Laboratory Theater ultrapassaram as fronteiras do "realismo" estrito e suas técnicas deram resultados artísticos que foram apreciados na montagem de *Noite de Reis* de Shakespeare.

As lições do encenador polonês e a sua prática teatral deixaram sulcos sensíveis no teatro e no cinema americanos.

Além de Fergusson, figuraram entre seus alunos Stella Adler, Harold Clurman e Lee Strasberg. Estes três nomes estão associados, como se sabe, ao conjunto mais representativo dos anos 30, os da Grande Depressão e do New Deal, no movimento teatral nos Estados Unidos: o Group Theatre. Poder-se-ia ainda estender a relação, já que se falou em Strasberg, aos caminhos que levaram ao Actor's Studio.

Boleslavski produziu também musicais para a Broadway (*The Vagabond King* – *O Rei Vagabundo* – 1925) e outras peças (*White Eagle* – *Águia Branca* – e *Ballyhoo*, 1927; *Mr. Moneypenny*, 1928; *Judas*, 1929), afora os espetáculos para o American Laboratory Theater. Seu entrosamento com a vida artística dos E.U.A. foi de tal ordem que, como tantos outros diretores e atores do cenário americano de então, o eco de suas realizações acabou chegando a Hollywood. Além disto, Boleslavski não era um estreante no campo da cinematografia. Como se viu anteriormente, já havia feito filmes na Rússia e na Polônia. Mas agora teve a oportunidade de rodá-los com outra envergadura. Dirigiu estrelas como Greta Garbo e Marlene Dietrich, os três irmãos Barrymore atuaram em seu filme *Rasputin e a Imperatriz* (1933) e de sua filmografia constam obras como *Homens de Branco* (1934), *O Véu Pintado* (1934), *Clive of India* (1935), *Les Misérables* e *O Jardim de Alá* (1936). Seus trabalhos mereceram sucessivos Oscars da Academia de Cinema.

Vale lembrar também que o livro de memórias de sua autoria, *O Caminho de um Lanceiro*, foi considerado uma obra de escritor pela crítica literária e as *Seis Lições* sobre a arte do ator (1933) tornaram-se uma referência obrigatória na bibliografia teatral, e não apenas nos Estados Unidos.

Por isso mesmo é possível concluir com as palavras que Lee Strasberg escreveu a respeito de seu professor: "Boleslavski representa para mim uma importante etapa na história do teatro americano, por ter introduzido aí as idéias de Stanislavski. Sem ele não sei qual teria sido o caminho de nosso palco".

J. Guinsburg

INTRODUÇÃO

The Way of a Lancer (*O Caminho de um Lanceiro*) trouxe de pronto aclamação literária a Richard Boleslavski, sobrenome que se pronuncia com um "i" à maneira de seus antepassados poloneses. O livro foi considerado, por diferentes vozes, uma obra de gênio, o melhor documento humano sobre os acontecimentos que precederam a Revolução Russa, uma narrativa biográfica magistral, uma nova escritura da história. Mas, não importando tudo o mais que os críticos hajam dito a seu respeito, todos eles quase invariavelmente acrescentaram tratar-se de um texto intensamente dramático, óbvia elaboração de uma mente treinada no teatro. E podiam dizê-lo com razão, pois o uniforme de oficial dos Lanceiros Poloneses e a mudança do "y" russo para o "i" polonês não constituíam disfarce para Richard Boleslavski, ator do Teatro de Arte de Moscou, encenador do Primeiro Estúdio do Teatro de Arte de Moscou e, nos

Estados Unidos, diretor do Laboratory Theater, de muitas peças de sucesso na Broadway e de filmes de Hollywood.

O que muitos críticos parecem ter omitido, porém, neste esplêndido livro e na sua seqüência, *Lances Down* (*Lanças Abaixadas*), foi que o estilo e o ponto de vista de Boleslavski, dramáticos como sem dúvida o eram, tinham pouco a ver com a arte de um escritor de peças. *The Way of a Lancer* não era produto de uma cabeça de dramaturgo, convertido em narrador, mas de um ator. Um é quase o inverso do outro. O ator é em geral tímido com a palavra e pouco articulado. Com freqüência não sabe o que é ou como é aquilo que faz, que o torna ator. Mesmo quando sabe, é difícil para ele dizê-lo ou escrevê-lo. Só consegue expressá-lo na ação. Sua linguagem é uma linguagem do movimento, do gesto, da voz, da criação e da projeção de uma personagem através de coisas feitas ou que deixaram de ser feitas. O dramaturgo, de outro lado, trabalha facilmente com as palavras, escreve com fluência, interpreta personagens, situações e acontecimentos, maneiras e métodos, em seus próprios termos. Na medida em que a arte e o mister da atuação tenham sido objeto de apresentações escritas em geral, é usualmente o dramaturgo ou o crítico quem escreveu a seu respeito. Eis por que se vê tão pouca coisa impressa para explicar o ator para ele mesmo e para os seus companheiros.

Talma, Fanny Kemble, Coquelin e, entre os modernos, Louis Calvert e Stanislavski salientam-se como atores que tentaram explicar o trabalho de atuação. Mas a bela contribuição de Stanislavski aparece infusa na sua autobiografia, *A Minha Vida na Arte*, enquanto o restante constitui, falando em termos gerais, um esforço de criar uma filosofia da atuação mais do que analisar os elementos da arte do desempenho ou de estabelecer uma técnica para o intérprete. Deverá o ator ter experimentado uma emoção para poder retratá-la? Poderá ele retratá-la melhor se na realidade renova o sentimento toda vez que o assume? Deverá a atuação ser distanciada o mais possível da vida ou ser aproximada o mais que se puder? Tais são os problemas que esses atores-filósofos se propuseram a resolver. E com os exemplos ilustrativos hauridos de uma alta experiência, seus escritos iluminaram grandemente o campo. Eles clarificaram as leis fundamentais da arte para muitos artistas. Mas não ajudam muito o ator a aprender os elementos de seu ofício.

De modo que, de certa maneira, estes ensaios de Boleslavski, estas *Primeiras Seis Lições*, em forma dialogada, estão quase sós em seu domínio. Em tom jovial como são expostas, não apresentam uma palavra sequer que não vá seriamente ao ponto, que não seja calculada, a partir de longos anos de trabalho e estudo de diretor e ator no teatro profissional e de arte, para auxiliar o jovem comediante em seu caminho. Na realidade selecionam suas ferramentas e ensinam-no a usá-las. E esta é uma tarefa gratificante. Pois, visto estarem os instrumentos do ator dentro de seu corpo, mente e espírito, oferecem por sua própria proximidade tanto maior dificuldade em serem isolados e postos a serviço de um fim especial do que os instrumentos de madeira e ferro. Concentração e observação, experiência e memória, movimento e pausa, criação e projeção — o ator precisa converter todos eles em servidores de seu talento.

Em um artigo que escreveu há alguns anos sobre *Os Fundamentos da Atuação*, o próprio Boleslavski definiu o campo que ela aqui abrange.

<blockquote>
A arte do ator [disse ele] não é de molde a ser ensinada. Ele precisa nascer com a aptidão; mas a técnica — através da qual o seu talento pode encontrar expressão — esta pode e deve ser ensinada. Uma compreensão desse fato é da máxima importância, não só para estudantes de representação, mas para todo ator interessado no aperfeiçoamento de sua arte. Pois, no fim de contas, a técnica vem a ser algo que é perfeitamente realista e inteiramente passível de ser apropriada pela pessoa.
</blockquote>

A base desta técnica, o mero desenvolvimento dos recursos físicos do ator, não é o que Boleslavski chama "técnica", embora reconheça e ressalte a importância deste primeiro aspecto. O adestramento do corpo é por ele comparado, antes, à afinação de um instrumento musical.

Até o violino afinado da maneira mais perfeita [prossegue ele] não tocará sozinho, sem o músico que o faça cantar. O equipamento do ator ideal... não está completo enquanto ele não tiver... a técnica de um criador ou de um "fazedor de emoção"; enquanto não puder seguir o conselho de Joseph Jefferson: "Mantenham o coração quente e a cabeça fria". Isto pode ser feito? Com toda certeza! É apenas necessário pensar a respeito da vida como uma seqüência ininterrupta de dois tipos diferentes de passos... Passos de Problema e passos de Ação... O primeiro é para o ator entender qual o problema que se lhe antepara. Então a centelha da vontade o empurrará para a ação dinâmica... Quando um ator compreende que a solução de um certo papel pode consistir meramente em ser ele capaz primeiro de permanecer no palco por talvez não mais do que meio milionésimo de um segundo, de cabeça fria e com firmeza de propósito, consciente do problema que se lhe apresenta; e depois, no próximo meio milionésimo de segundo ou, é possível, cinco ou dez segundos, precipitar-se com intensidade na ação que a situação dramática exige, ele terá alcançado a perfeita técnica de atuação.

Trata-se primeiro de saber exatamente o que fazer e depois fazê-lo com exatidão. Isto é tudo. Parece muito pouco. Mas não é por acaso que Boleslavski dispõe as visitas de *A Criatura*, a jovem que é objeto dessas lições, em intervalos de meses e até anos. Ele está pensando na questão de um modo prático e não em termos do que seria de desejar. Ele sabe quão longa é a estrada que a sua aluna terá de percorrer entre as lições. Ele sabe que na atuação, mais do que em qualquer outra arte, um pouco menos do que bom se acha a universos de distância do bom. Um ator não pode ser fabricado entre o almoço e o jantar. Boleslavski aceita o fato de que a profissão do ator pode exigir uma vida inteira de trabalho e que é uma profissão que vale bem o trabalho de toda uma vida.

Edith J. R. Isaacs

Primeira Lição

CONCENTRAÇÃO

De manhã. Meu quarto. Uma batida na porta.

EU – Entre. (*A porta se abre, lenta e timidamente. Aparece uma Bonita Criaturinha de dezoito anos. Ela me fita com olhos bem abertos, assustados, e amassa violentamente a bolsa.*)

A CRIATURA – Eu... Eu... Eu ouvi dizer que o senhor ensina arte dramática.

EU – Não! Sinto muito. Arte não pode ser ensinada. Possuir uma arte significa possuir talento. Isso é algo que se tem ou não se tem. Você pode desenvolvê-lo com muito esforço, mas criar talento é impossível. O que faço é ajudar a quem decidir trabalhar no palco a desenvolver-se e educar-se para realizar um serviço honesto e consciente no teatro.

A CRIATURA – Sim, é claro. Por favor, me ajude. Eu simplesmente amo o teatro.

EU – Não basta amá-lo. Quem não o ama? Consagrar-se ao teatro, devotar a ele a vida inteira, dedicar-lhe todo o pensamento e toda a emoção! Renunciar a tudo, submeter-se a tudo, por amor ao teatro! E, mais do que tudo, estar pronto a dar tudo ao teatro – todo o nosso ser – sem esperar que ele lhe dê nada em troca, nem sequer o menor grão daquilo que lhe parece tão belo e tão cativante nele.

A CRIATURA – Sei disso. Eu já representei um bocado na escola. Compreendo que o teatro faz sofrer. Não tenho medo disso. Estou pronta a enfrentar qualquer coisa desde que possa representar, representar, representar.

EU – Mas suponha que o teatro não queira que você represente, represente, represente.

A CRIATURA – Por que não haveria de querer?

EU – Por não julgá-la, talvez, talentosa.

A CRIATURA – Mas quando eu representei na escola...

EU – O que foi que você representou?

A CRIATURA – *Rei Lear*.

EU – Qual foi o seu papel nessa pecinha?

A CRIATURA – O próprio Rei Lear. E todos os meus amigos, o nosso professor de Literatura e até Tia Mary me disseram que representei maravilhosamente bem e que eu tinha, sem dúvida, talento.

EU – Perdoe-me, não é minha intenção criticar a boa gente que você mencionou, mas tem certeza de que são conhecedores abalizados em matéria de talento?

A CRIATURA – Nosso professor é muito exigente. Ele mesmo trabalhou comigo no *Rei Lear*. É uma grande autoridade no assunto.

EU – Percebo, percebo. E a Tia Mary?

A CRIATURA – Ela conheceu o Sr. Belasco[1], pessoalmente.

---

1. David Belasco (1853-1951): encenador, ator, dramaturgo, diretor de companhia. De uma família judio-portuguesa, ainda criança começou a trabalhar no palco. Adaptou e dramatizou numerosos textos estrangeiros e americanos. Descobriu e dirigiu alguns dos principais intérpretes americanos de seu tempo, como George Arliss. Pouco sensível às novas tendên-

EU – Até aí, muito bem. Mas você pode me dizer como o seu professor, ao trabalhar com o *Rei Lear*, queria que você representasse estas linhas, por exemplo: "Soprai ventos, e estourai as próprias bochechas! Bramai! Soprai!"*

A CRIATURA – O senhor quer que eu represente a passagem?

EU – Não. Diga-me apenas como foi que aprendeu a ler essas linhas. O que pretendia alcançar?

A CRIATURA – Eu tinha de ficar assim parada, com meus pés bem juntos, inclinar um pouco meu corpo para frente, erguer minha cabeça desse jeito, estirar meus braços para o céu e sacudir meus punhos. Depois, eu tinha de respirar profundamente e explodir numa gargalhada sarcástica: Ah! ah! ah! (*Ela ri com um riso encantador e infantil. Somente uma feliz mocinha de dezoito anos poderia rir desse jeito.*) Depois, como que amaldiçoando o céu, pronunciar tão alto quanto possível: "Soprai ventos e estourai as próprias bochechas! Bramai! Soprai!"

EU – Obrigado. Isso é suficiente para me dar um claro entendimento de sua parte no *Rei Lear*, bem como uma idéia nítida de seu talento. Posso perguntar-lhe mais uma coisa? Poderia, por favor, dizer essa sentença, primeiro amaldiçoando os céus e depois sem os amaldiçoar. Mantenha somente o sentido da frase – apenas o seu pensamento. (*Ela não pensa muito, está habituada a amaldiçoar os céus.*)

A CRIATURA – Quando você amaldiçoa os céus, a gente diz isso assim: "Sooopraaai veeentooos! e estooouuuraaai as próprias bochechas! Braaamai! Sooopraaai!" (*A Criatura se esforça muito para amaldiçoar os céus, mas*

---

cias teatrais, praticou um realismo extremo, esteado em peças de ação. Além de *Madame Buterfly* e de *A Moça do Oeste Dourado*, ambas usadas como libretos por Puccini, escreveu obras dramáticas que se fizeram notar na cena teatral dos Estados Unidos.

* "Blow winds, and crack your checks! Rage! Blow!"

pela janela vejo o céu azul rindo-se da maldição. Faço o mesmo.) E se não é para amaldiçoá-los, devo fazer isso de alguma outra maneira. Bem... Não sei como... Não é engraçado? Bem, desta maneira: (*A Criatura fica atrapalhada e, com um sorriso encantador, engolindo as palavras, pronuncia todas elas apressadamente, numa nota só.*) "Sopraiventoseestouraiasprópriasbochechasbramaisoprai!" (*Ela fica inteiramente confusa e tenta destruir a sua bolsa. Pausa.*)

Eu – Que estranho! Você é tão jovem e não hesita um instante sequer em maldizer os céus! No entanto, não é capaz de proferir tais palavras de maneira simples e direta para mostrar o seu significado interno. Você quer tocar um *Noturno* de Chopin sem saber onde estão as notas. Você careteia, você mutila as palavras do poeta e da emoção eterna, e ao mesmo tempo você não possui a qualidade mais elementar de uma pessoa letrada – a habilidade de transmitir de um modo lógico os pensamentos, sentimentos e palavras de outra pessoa. Que direito tem você de dizer que trabalhou no teatro? Você destruiu a própria concepção do termo Teatro. (*Pausa; a Criatura me encara com olhos de alguém inocentemente condenado à morte. A pequena bolsa está no chão.*)

A Criatura – Quer dizer que nunca devo representar?

Eu – E se eu disser *nunca*? (*Pausa. Os olhos da Criatura mudam de expressão, com um agudo olhar indagador ela sonda o fundo de minha alma e, vendo que não estou brincando, cerra os dentes e tenta em vão esconder o que se passa em sua alma. Mas não adianta. Uma enorme lágrima verdadeira escorre de um de seus olhos e, no mesmo momento, a Criatura me enternece. Isto estraga completamente as minhas intenções. Ela se domina, aperta os dentes e diz em voz baixa:*)

A Criatura – Mas eu vou representar. Nada mais tenho na vida. (*Aos dezoito anos sempre falam desta maneira. Mas, ainda assim, continuo profundamente sensibilizado.*)

EU – Então, muito bem. Devo dizer-lhe que neste exato momento você fez mais pelo teatro ou, antes, por você mesma no teatro, do que ao representar todos os seus papéis. Você acabou de sofrer, agora mesmo; você sentiu profundamente. São duas coisas sem as quais não se pode fazer qualquer arte e, em especial, a arte do teatro. Somente pagando este preço, pode-se atingir a felicidade da criação, a felicidade que vem do nascimento de um novo valor artístico. Para prová-lo, vamos trabalhar juntos, agora. Tentemos criar um pequeno mas efetivo valor artístico, segundo a força de que você dispõe. Será o primeiro passo no seu desenvolvimento como atriz. (*Aquela enorme e belíssima lágrima fica esquecida. Desvaneceu-se algures no espaço. Em seu lugar aparece um sorriso feliz e encantador. Eu nunca pensei que a minha voz chiante pudesse provocar uma tal mudança.*)

Ouça e responda com sinceridade: Você já observou alguma vez um homem, um especialista, às voltas com algum problema criativo, durante o seu trabalho? Um piloto, num transatlântico, por exemplo, responsável por milhares de vidas, ou um biólogo trabalhando com o seu microscópio, ou um arquiteto elaborando o projeto de uma ponte complicada, ou um grande ator visto dos bastidores durante a interpretação de um belo papel?

A CRIATURA – Eu vi John Barrymore[2], dos bastidores, quando interpretava *Hamlet*.

EU – E o que a impressionou mais do que tudo enquanto observava o trabalho dele?

A CRIATURA – Ele estava *maravilhoso*!!!

EU – Eu sei disso, mas o que mais?

A CRIATURA – Ele não me deu nenhuma atenção.

EU – Isso é mais importante. Não somente a você ele não

---

2. De uma família de famosos atores americanos, John Barrymore (1882-1942) trabalhou no teatro e no cinema, notabilizando-se por suas interpretações de Shakespeare, entre outros.

deu atenção, mas a nenhuma outra coisa à sua volta. Ele estava procedendo como procederia o piloto, o cientista ou o arquiteto no seu trabalho. Ele estava se concentrando. Lembre-se desta palavra: *Concentração*. É da maior importância em qualquer arte e particularmente na arte do teatro. A Concentração é a qualidade que nos permite dirigir todas as nossas forças intelectuais e espirituais para um objeto definido e continuar a fazê-lo enquanto nos agrade – por vezes, por um espaço de tempo bem maior do que nossa energia física é capaz de suportar. Conheci um pescador que, certa vez, durante uma tempestade, não abandonou o leme de seu barco, por quarenta e oito horas, concentrando-se até o último minuto no trabalho de guiar a sua escuna. Só depois de conduzi-la a salvo de volta ao ancoradouro, permitiu que a fraqueza lhe dominasse o corpo. Essa força, essa certeza de domínio sobre si mesmo, é a qualidade fundamental de todo artista criativo. Você tem que achá-la dentro de si própria e desenvolvê-la ao grau máximo.

A CRIATURA – Mas como?

EU – Vou lhe dizer. Não tenha pressa. O mais importante é que na arte do teatro faz-se necessário um tipo especial de concentração. O piloto tem o sextante, o cientista seu microscópio, o arquiteto seus desenhos – todos eles objetos de concentração e criação visíveis, externos. Eles têm, por assim dizer, um alvo *material* em cuja direção todas as suas forças são dirigidas. O mesmo acontece com o escultor, o pintor, o músico, o escritor. Mas o caso do ator é muito diferente. Diga-me qual é o objeto de concentração para ele?

A CRIATURA – Seu papel.

EU – Sim, quando o tiver aprendido. Mas só depois de estudar e ensaiar é que o ator *começa* a criar. Ou digamos que primeiro ele cria "exploratoriamente" e na noite da estréia ele começa a criar "construtivamente" em sua representação. E o que é representar?

A CRIATURA – Representar? Representar é quando ele... representa, representa... Não sei.

EU – Você quer dedicar a sua vida a uma tarefa, sem saber o que ela é? Representar é *a vida da alma humana recebendo seu nascimento através da arte*. Num teatro criativo o objeto de concentração de um ator é a *alma humana*. No primeiro período de seu trabalho – o exploratório – o objeto de concentração é a própria alma do ator e dos homens e mulheres que o cercam. No segundo – o construtivo – só a sua própria alma. Isto significa que, para representar, você precisa saber como concentrar-se em algo materialmente imperceptível – em algo que você só pode perceber penetrando profundamente em seu próprio ser, reconhecendo aquilo que ficaria evidenciado na vida unicamente num momento da maior emoção e do mais violento embate. Em outras palavras, você necessita de uma concentração espiritual em emoções que não existem, mas são inventadas ou imaginadas.

A CRIATURA – Mas como é possível desenvolver dentro de si algo que não existe. Como é possível começar?

EU – Do próprio começo. Não de um *Noturno* de Chopin, porém das escalas mais simples. Tais escalas são os cinco sentidos que você possui: visão, audição, olfato, tato e paladar. Eles hão de ser as chaves de sua criação como se fossem uma escala para um *Noturno* de Chopin. Aprenda como governar esta escala, como concentrar-se com todo o seu ser nos seus cinco sentidos, como fazê-los trabalhar artificialmente, como apresentar-lhes diferentes problemas e criar as soluções.

A CRIATURA – Espero que não esteja querendo dizer que eu não sei nem mesmo como ouvir ou como sentir.

EU – Na vida você talvez saiba. A natureza ensinou-lhe um pouco. (*Ela se torna muito ousada e fala como que desafiando o mundo inteiro.*)

A CRIATURA – Não, no palco também.

EU – É mesmo? Vejamos. Por favor, sentada como está aí agora, ouça o arranhar de um rato imaginário naquele canto ali.

A CRIATURA – Onde está o público?

EU – Isso não lhe importa, em nada. Seu público, por enquanto, não está com pressa de comprar entradas para o seu espetáculo. Esqueça-o. Resolva o problema que lhe dei. Ouça o ruído de um rato arranhando o chão naquele canto.

A CRIATURA — Está bem. (*Segue-se um gesto canhestro com a orelha direita e depois com a esquerda, algo que nada tem em comum com a tentativa de ouvir o delicado arranhar de uma unha de rato no silêncio.*)

EU — Está bem. Agora, por favor, ouça uma orquestra sinfônica executando a marcha da ópera *Aída*. Você conhece a marcha, não conhece?

A CRIATURA — Conheço sim, é evidente.

EU — Então, por favor. (*Acontece a mesma coisa — nada a ver com o que seria ouvir uma marcha triunfal. Sorrio. A Criatura começa a entender que algo está errado e fica confusa. Ela espera o meu veredicto.*) Vejo que você percebe o quanto está desarmada, quão pouco distingue a diferença entre o *fazer* inferior e o *fazer* superior.

A CRIATURA — O senhor me deu um problema muito difícil.

EU — É mais fácil amaldiçoar os céus no *Rei Lear*? Não, minha cara, devo dizer-lhe com franqueza: você ainda não sabe criar a menor e a mais simples porção de vida da alma humana. Você não sabe *concentrar-se espiritualmente*. Não só não sabe como criar emoções e sentimentos complicados, mas nem sequer domina ainda os seus próprios sentidos. Tudo isso você terá de aprender através de árduos exercícios diários que eu posso lhe prescrever aos milhares. E se você pensar bem, poderá inventar sozinha outros mil.

A CRIATURA — Está certo. Vou estudar. Vou fazer tudo o que o senhor mandar. Depois serei atriz?

EU — Ainda bem que me pergunta. É claro que não será atriz, ainda. Ouvir, olhar e sentir de verdade não é tudo. Precisa fazer tudo isso de centenas de modos. Suponha que esteja representando. O pano sobe e seu primeiro problema é ouvir o ruído de um carro que parte. Você terá de realizá-lo de tal forma que as mil pessoas sentadas no teatro naquele momento, cada qual concentrada em algum interesse particular – um na Bolsa de Valores, outro em preocupações domésticas, um terceiro na política, um quarto em um jantar ou na linda garota da poltrona vizinha – de tal forma que saibam e sintam imediatamente que a concentração deles é menos importante que a sua, embora você esteja se concentrando apenas no ruído da partida de um carro imaginário. Eles precisam sentir que não têm o direito de pensar na Bolsa em presença de seu carro imaginário! Que você é mais poderosa que eles, que, no momento, você é a pessoa mais importante do mundo e que ninguém se atreva a perturbá-la. Ninguém se atreve a perturbar um pintor entregue a seu trabalho, e é culpa do próprio ator se permite que o público interfira em sua criação. Se todos os atores possuíssem a concentração e o conhecimento de que estou falando, isso jamais aconteceria.

A CRIATURA – Mas do que é que o ator necessita para conseguir isso?

EU – Talento e técnica. A educação do ator consiste em três partes. A primeira é a educação do corpo, de todo o complexo físico, de cada músculo e cada fibra. Como diretor posso dirigir muito bem um ator que tenha um desenvolvimento de corpo completo.

A CRIATURA – Quanto tempo deve gastar nisso um ator jovem?

EU – Uma hora e meia diárias nos seguintes exercícios: ginástica, ginástica rítmica, dança clássica e interpretativa, esgrima, todo o tipo de exercícios respiratórios e exercícios de impostação de voz, dicção, canto, pantomima, maquilagem. Uma hora e meia por dia, durante dois anos, e depois uma prática constante daquilo que tenha aprendido farão dele um ator que *agrade ver*.

A segunda parte desta educação é intelectual, cultural. Só se pode discutir Shakespeare, Molière, Goethe e Calderon com um ator culto que saiba o que estes homens representam e o que se fez nos teatros do mundo para montar suas peças. Necessito de um ator que conheça literatura mundial e que possa perceber a diferença entre Romantismo Francês e Alemão. Necessito de um ator que conheça história da pintura, da escultura e da música, que possa sempre ter em mente, ao menos de um modo aproximado, o estilo de cada período e a individualidade de qualquer grande pintor. Necessito de um ator que tenha uma idéia bastante clara da psicologia do movimento, da psicanálise, da expressão da emoção e da lógica do sentimento. Necessito de um ator que conheça algo da anatomia do corpo humano, bem como das grandes obras de escultura. Todo esse conhecimento é necessário porque o ator entra em contato com tais coisas e tem de trabalhar com elas no palco. Este treino intelectual formaria um ator capaz de desempenhar uma variedade de papéis.

A terceira espécie de educação, cujo início eu lhe mostrei hoje, é a educação e o adestramento da alma – o fator mais importante da ação dramática. Não pode existir ator sem alma suficientemente desenvolvida para estar apta a realizar, à primeira ordem da vontade, toda e qualquer ação e mudança estipuladas. Em outros termos, o ator deve dispor de uma alma capaz de viver, de ponta a ponta, qualquer situação exigida pelo autor. Não há grande intérprete sem uma alma assim. Infelizmente ela só é adquirida por meio de longo e duro labor, à custa de muito tempo e experiência, e através de séries contínuas de papéis experimentais. O trabalho, para tanto, consiste no desenvolvimento das seguintes faculdades: completo domínio de todos os cinco sentidos em várias situações imagináveis, desenvolvimento da memória do sentimento, memória da inspiração ou penetração, memória da imaginação e, por último, memória visual.

A CRIATURA – Mas eu nunca ouvi falar de todas essas coisas.

EU – No entanto, elas são quase tão simples quanto "amaldiçoar os céus". O desenvolvimento da fé na imaginação; o desenvolvimento da própria imaginação; o desenvolvimento da ingenuidade; o desenvolvimento da observação; o desenvolvimento da força de vontade; o desenvolvimento da capacidade de infundir variedade à expressão emotiva; o desenvolvimento do senso de humor e do senso trágico. E isto não é tudo.

A CRIATURA – Será possível?

EU – Só resta uma coisa que não pode ser desenvolvida, mas que deve estar presente. É o *Talento*. (*A Criatura suspira e cai em profunda meditação. Eu também permaneço sentado, em silêncio.*)

A CRIATURA – O senhor fez com que o teatro pareça algo muito grande, muito importante, muito...

EU – Sim, para mim o teatro é um grande mistério, um mistério no qual se acham maravilhosamente unidos os dois fenômenos eternos, o sonho da *Perfeição* e o sonho do *Eterno*. Somente a um teatro assim vale a pena a gente dar a vida. (*Levanto-me, a Criatura me fita com olhos desconsolados. Entendo o que esses olhos exprimem.*)

Segunda Lição

MEMÓRIA DA EMOÇÃO

Você se lembra da encantadora criatura que veio me ver há um ano atrás e que "simplesmente *amava* o teatro"? Pois bem, ela voltou este inverno. Entrou no quarto silenciosamente e com muita graça, sorrindo e o rosto radiante.

A CRIATURA – Olá!

(Seu aperto de mão era firme e forte; seus olhos fixaram diretamente os meus; sua figura apresentava-se no todo bem equilibrada e controlada; que diferença!)

EU – Como vai você? Estou muito contente em vê-la. Eu acompanhei o seu trabalho, embora não tenha voltado a procurar-me. Nunca pensei que voltasse. Pensei que a tivesse assustado, da última vez.

A CRIATURA – Oh, não! Não me assustou! Mas, sem dúvida, me deu um bocado de trabalho, uma carga tremenda. Que mau pedaço o senhor me fez passar com essa

35

idéia da concentração. Todo mundo riu de mim. Uma vez, quase fui atropelada por um bonde porque tentei me concentrar de uma forma muito efetiva na "felicidade de minha existência". Como vê, coloquei para mim mesma problemas como esse a fim de exercitar-me, exatamente como o senhor recomendou que eu o fizesse. Nesse caso particular, fui despedida de meu emprego e quis convencer-me de que o fato não me importava em absoluto. E consegui. Oh! Sentia-me mais forte do que nunca. Estava a caminho de casa e consegui me sentir feliz, a despeito de tudo. Era como se acabasse de receber um papel maravilhoso. Eu era tão forte. Mas não percebi o bonde. Felizmente saltei para trás a tempo. Fiquei assustada, meu coração pôs-se a palpitar, mas eu continuava lembrando da "felicidade de minha existência". Assim, sorri para o motorneiro e mandei que prosseguisse. Ele me disse algo que não pude entender – estava falando atrás do vidro.

EU – Desconfio que foi melhor não entender suas palavras.

A CRIATURA – Oh! Compreendo! E o senhor acha que ele estava certo, sendo grosseiro comigo?

EU – Poderia até justificá-lo. Você lhe destruiu a concentração tão completamente quanto ele destruiu a sua. Foi aí que o drama começou. O resultado foi – ação expressa nas palavras dele atrás do vidro e na sua ordem para que ele seguisse viagem.

A CRIATURA – Oh, o senhor faz brincadeira de tudo.

EU – Não, não faço. Acho que o seu caso é o de um drama numa casca de noz. Drama efetivo.

A CRIATURA – Quer dizer então que isso contribuiu para a minha habilidade de representar? Para meu senso dramático?

EU – Sim, contribuiu.

A CRIATURA – Como?

EU – Vai levar algum tempo para explicar. Não quer sentar-se antes e dizer-me por que veio me procurar hoje? É outro *Rei Lear*?

A CRIATURA – Oh! Por favor! (*Ruboriza-se – passa pó no*

nariz – tira o chapéu – ajeita o cabelo. Senta-se; passa mais pó no nariz.)

EU – (*Tão amável quanto o meu charuto me permite.*) Não tem por que envergonhar-se de coisa alguma, especialmente daquela representação do *Rei Lear*. Você estava sendo sincera, então. Isso foi há um ano; você estava querendo um pouco demais, mas saiu atrás disso de maneira correta. Simplesmente você o fez. Você mesma efetuou o ataque. Não esperou que alguém a empurrasse. Você conhece a história daquele aluno aplicado que precisava caminhar muito para chegar à escola. Todos os dias, durante anos, dizia para si próprio: "Oh!, se eu pudesse apenas voar, eu chegaria à escola bem mais depressa". Bem, você sabe o que lhe aconteceu.

A CRIATURA – Não, não sei.

EU – Ele voou de Nova York a Paris, sozinho – seu nome é Lindbergh. Agora é coronel.

A CRIATURA – Sim. (*Pausa.*) Posso falar-lhe a sério? (*Ela agora está sonhando; aprendeu a fazer bom uso de tudo o que lhe vem. De dentro ou de fora, não perde o mais tênue indício de emoção. É como um violino cujas cordas respondem a todas as vibrações, e ela se lembra de todas essas vibrações. Estou certo de que pega tudo quanto há na vida como somente uma pessoa forte e normal pode pegar. Ela seleciona o que deseja conservar; joga fora tudo o que lhe é inútil. Ela será uma boa atriz.*)

EU – Sim, mas não com muita solenidade.

A CRIATURA – Vou falar-lhe de mim mesma. (*Ela sorri.*) E... (*Lugubremente.*) E de Minha Arte.

EU – Não suporto o modo como você disse "Minha arte". Por que fica tão séria quando diz isso? Sorria para si mesma. Há poucos minutos você me declarou que sua única razão de viver devia ser "a *felicidade* de sua existência". Por que as pessoas se tornam solenes tão logo falam de coisas que não têm outro propósito senão o de trazer alegria aos outros!

A CRIATURA – Não sei como acontece com outras pessoas,

mas eu fico séria porque a arte significa tudo para mim. É por isso que voltei aqui de novo, simplesmente porque preciso me sair bem. Deram-me um papel e eu ensaiei durante quatro dias. Sinto que não estou muito segura nele. Três dias mais, e vão tirá-lo de mim. Eles me dizem coisas agradáveis. Mas eu sei que não estou bem – e ninguém parece saber como me ajudar. Eles dizem: "fale mais alto", "sinta algo", "entre no papel", "ria", "soluce", e tudo o que quiser, mas eu sei que isso não é tudo. Alguma coisa deve estar faltando. O que é? Onde? Onde vou obter isso? Fiz tudo o que o senhor me recomendou. Creio que consigo me controlar a mim mesma – quer dizer, ao meu corpo, muito bem. Pratiquei durante o ano inteiro. As posições do corpo que o papel exige não são difíceis para mim. Sinto-me à vontade em todas elas. Uso os meus cinco sentidos simples e logicamente. Fico feliz quando interpreto e, no entanto, não sei como fazê-lo! Não sei como! O que devo fazer? Se me dispensarem, será o meu fim. E o pior de tudo é que eu sei muito bem o que vão me dizer. Vão dizer: "Você é muito boa, mas falta-lhe experiência" – e isso é tudo. O que é essa maldita experiência? Não há algo que alguém me possa dizer sobre esse papel – sei tudo a seu respeito. Eu me pareço com aquilo que ele exige, sinto cada minuto seu e cada mudança. Sei que posso interpretá-lo. Mas aí – "experiência"! Oh!, se eu pudesse empregar algumas das palavras que aquele motorneiro empregou quando quase me atropelou. Não cheguei a ouvi-las, mas, a julgar pela expressão de seu rosto, sei que eram apropriadas. Na realidade, penso que posso presumir quais eram – oh, como viriam a propósito, agora!

EU – Vá em frente e use as palavras. Não se importe comigo. (*Ela as pronuncia.*) Está mais feliz?

A CRIATURA – Sim. (*Sorri. Ri.*)

EU – Muito bem, agora está pronta. Agora, vamos conversar. Conversemos sobre o seu papel. Você o construirá por si só, e o que é mais, você o construirá muito bem. Se fez todo o trabalho que disse ter feito e se o papel está dentro de seu alcance, não poderá fracassar. Não se preocupe com isso. Trabalho e paciência nunca falham.

A CRIATURA – Oh! Mestre... (*Ela começa.*)

EU – Sente-se. É o que penso. Por um ano você andou se aperfeiçoando como instrumento humano e reunindo material. Você observou e absorveu a vida. Colecionou o que viu, leu, ouviu e sentiu nos centros de armazenamento de seu cérebro. Você o fez tanto consciente quanto inconscientemente. A concentração tornou-se a sua segunda natureza.

A CRIATURA – Não creio que eu tenha feito nada inconscientemente. Sou uma pessoa muito positiva.

EU – Isto eu sei. O ator deve sê-lo – do contrário como poderia sonhar? Só é capaz de sonhar quem é capaz de permanecer com os dois pés firmemente no chão. É por isso que o policial irlandês é o melhor do mundo. Ele nunca dorme em serviço. Sonha completamente acordado e o bandido tem pouca chance.

A CRIATURA – Por favor! Eu tenho um papel. Quero representá-lo e o senhor me fala sobre policiais irlandeses.

EU – Não. Estou falando sobre o caráter prático dos sonhos. Estou falando sobre ordem, sobre sistema. Estou falando sobre como atrelar sonhos – conscientes e inconscientes – todos úteis – todos necessários – todos obedientes – todos respondendo ao seu chamado. Todos eles partes desse belo estado de sua natureza que você chama "experiência".

A CRIATURA – Muito bem, mas o que diz sobre o meu papel?

EU – Você terá que organizar e sincronizar o eu que está dentro de você, com o seu papel. Então tudo será esplêndido.

A CRIATURA – Muito bem, vamos começar.

EU – Antes de tudo, insisto – e terá de acreditar em mim – que você fez grande parte de seu trabalho inconscientemente. Agora, começaremos. Qual é a cena mais importante de seu papel?

A CRIATURA – A cena em que digo à minha mãe que vou abandonar a sua casa, a sua pobre e obscura casa, por uma razão extraordinária. Uma rica senhora ficou interessada em mim e pretende levar-me para a sua mansão a fim de me dar todas as coisas bonitas da vida – educação, viagem, amigos, ambientes agradáveis, roupas, jóias, posição – tudo. É maravilhoso demais. Não posso resistir à tentação. Tenho de ir, porém amo minha mãe e sinto pena dela. Luto entre o chamariz da felicidade e o amor à minha mãe. Minha decisão não está tomada ainda. Mas o desejo de felicidade é muito forte.

EU – Bem. Agora, diga-me: como vai fazer isso e o que diz o seu diretor?

A CRIATURA – Ele diz que eu me sinto feliz por ir embora ou gosto tanto de minha mãe que não estou feliz em partir. Não posso misturar estas duas coisas.

EU – Você deve sentir-se feliz e triste ao mesmo tempo. Radiante e enternecida.

A CRIATURA – Aí é que está. Não posso sentir as duas coisas simultaneamente.

EU – Ninguém pode sentir, mas você pode *ser* isso.

A CRIATURA – *Ser* isso sem senti-lo? Como é possível?

EU – Com a ajuda de sua memória inconsciente – de sua memória de sentimentos.

A CRIATURA – Minha memória inconsciente de sentimentos? Quer dizer que eu devo memorizar inconscientemente meus sentimentos?

EU – Deus me livre! Temos uma memória especial para sentimentos, que trabalha inconscientemente por si só e para si só. Está ali mesmo. Está em todo artista. É ela que torna a experiência uma parte essencial de nossa vida e habilidade. Tudo o que temos de fazer é saber como usá-la.

A CRIATURA – Mas onde está ela? Como obtê-la? Alguém sabe?

EU – Oh, sim! Um bom número de pessoas. O psicólogo

francês Théodule Ribot[1] foi o primeiro a falar a seu respeito, há cerca de vinte e cinco anos. Ele a chamou de "memória afetiva" ou "memória de afetos".

A CRIATURA — Como é que ela funciona?

EU — Através de todas as manifestações da vida e de nossa sensibilidade para com elas.

A CRIATURA — Por exemplo?

EU — Por exemplo, em certa cidade vivia um casal. Fazia vinte e cinco anos que estavam juntos. Tinham se casado quando eram muito jovens. Ele havia se declarado numa bela tarde de verão durante um passeio por uma horta de pepinos. Nervosos, como costuma ficar gente moça em tais circunstâncias, paravam de andar ocasionalmente, apanhavam uns pepinos e os comiam, apreciando muitíssimo o seu aroma, gosto, bem como o frescor e o rico efeito do calor do sol sobre este fruto. Tomaram, pois, a mais venturosa decisão da suas vidas entre dois bocados de pepino, por assim dizer.

Um mês depois estavam casados. Na ceia nupcial serviram um prato de pepinos frescos — e ninguém sabia por que os noivos riram tanto tão logo o viram. Correram longos anos de vida e de luta; filhos e naturalmente dificuldades. Às vezes, brigavam e ficavam zangados. Às vezes, nem sequer falavam um com o outro. Porém, a filha caçula notou que o modo mais seguro de estabelecer paz entre eles era pôr um prato de pepinos na mesa. Como por arte de magia esqueciam a zanga e tornavam-se ternos e compreensivos. Durante

---

1. Théodule Ribot (1839-1916). Formado em filosofia, professor da École Normale Supérieure, foi o primeiro teórico francês da psicologia experimental. Desenvolveu estudos sobre psicofisiologia da personalidade e sobre os processos de dissolução da memória, tendo sustentado em *La Psychologie des sentiments* (1896) o primado da vida afetiva. Retomou o tema em *La vie inconsciente et les mouvements* (1914), obra à qual Boleslavski parece referir-se em apoio à lição fundamentalmente stanislavskiana que tenta veicular, em sua proposta metodológica para o trabalho do ator. Vale lembrar que o próprio Stanislavski cita Ribot e suas pesquisas, na questão da memória afetiva.

muito tempo a filha pensou que a mudança observada devia-se ao gosto dos pais pelos pepinos, mas, certo dia, a mãe contou-lhe a história de seu namoro e, ao refletir a respeito, chegou a uma outra conclusão. Será que você poderia dizer qual?

A CRIATURA — (*Com muita vivacidade.*) Sim, que as circunstâncias externas traziam de volta os sentimentos internos.

EU — Eu não diria sentimentos. Diria, antes, que as referidas circunstâncias faziam essas duas pessoas serem o que eram muitos anos antes, apesar do tempo, da razão e talvez do desejo, *inconscientemente*.

A CRIATURA — Não, não inconscientemente, porque sabiam o que os pepinos haviam significado para ambos.

EU — Vinte e cinco anos depois? Duvido. Eram almas simples, não iriam tão longe como analisar a origem de seus sentimentos. Apenas se lhes entregavam, naturalmente, a eles, tais como vinham. Eles eram mais fortes do que qualquer sentimento presente. É exatamente como ao se começar a contar "um, dois, três, quatro...". Não é preciso muito esforço para se continuar com "cinco, seis etc." A coisa toda está em dar início, começar.

A CRIATURA — Acha que eu já comecei...?

EU — Sem dúvida.

A CRIATURA — Queria perguntar-lhe se lhe pareceu que eu dispunha de lembranças como essas dentro de mim.

EU — Uma porção delas — esperando apenas para serem despertas, esperando apenas um chamado. E, o que é mais, quando você as desperta, você pode controlá-las, pode utilizá-las, pode aplicá-las em seu ofício. Prefiro esta palavra à palavra "Arte", que você tanto gosta. Pode-se aprender todo o segredo da experiência.

A CRIATURA — Mas não experiência do palco.

EU — Indiretamente, sim. Porque quando você tem algo a dizer, a experiência vem tanto mais rápido, cem vezes mais depressa do que se você nada tem a dizer. Vem com muito mais certeza do que se você nada faz senão *tentar* ser alguém experimentado, "falar mais alto", "sentir algo", "entrar no papel", "manter o ritmo". Tais problemas são para crianças, não para gente do ofício.

A CRIATURA – Mas como é que se lida com essas coisas? Como é que se pode comandá-las?

EU – É o poder do espírito. A gente as *comanda*. Em seu caso particular, você já experimentou alguma vez ou nunca experimentou esse duplo sentimento, quando está triste e feliz ao mesmo tempo?

A CRIATURA – Sim, sim, muitas vezes, mas não sei como trazê-lo de volta. Não me *lembro* onde estava e o que estava fazendo quando me senti assim.

EU – Não importa onde e como. A questão é você voltar a ser como era então, comandar o seu próprio ego, ir onde deseja ir e, quando lá estiver, permanecer lá para onde foi. Por favor, me dê um exemplo de sua experiência pessoal com um sentimento duplo.

A CRIATURA – Bem, no verão do ano passado fui para o exterior, pela primeira vez em minha vida. Meu irmão não podia ir. Eu me sentia feliz e, ao mesmo tempo, estava triste, por causa dele. Mas não me lembro como foi que procedi.

EU – Está bem. Conte-me como a coisa toda aconteceu. Comece desde o momento em que você deixou a sua casa. Não omita nenhum detalhe. Dê uma descrição do motorista do táxi e de tudo o que a preocupou e agitou. Tente recordar-se de como estava o tempo, da cor do céu, dos cheiros das docas, das vozes dos estivadores e marinheiros, das caras de seus companheiros de viagem. Quero que me faça um bom relato jornalístico da coisa toda e se esqueça de si mesma. Trabalhe por fora. Comece pelas roupas que você vestia e pelas de seu irmão. Vamos.

(Ela começa. Bem treinada em matéria de concentração, atira-se ao assunto. Podia dar uma lição a qualquer detetive. Mostra-se fria, firme, precisa, analítica – não perde pormenor, não usa termos inúteis – apresenta somente fatos puros e necessários. A princípio é quase mecânico, quase uma perfeita máquina. Depois, ao falar de um guarda de trânsito, que

pára o táxi e prega um sermão ao chofer, exclama: "Oh, por favor, senhor guarda, vamos chegar tarde!", o primeiro sinal de efetiva emoção aparece em seus olhos. Ela começa a ser – começa a representar. Isto não lhe vem com facilidade. Por sete vezes volta aos fatos, mas gradualmente eles vão se tornando menos e menos importantes. Quando, por fim, relata como subiu correndo o passadiço e saltou para o convés do vapor, sua face e seus olhos estão brilhando e, involuntariamente, repete o salto. Depois, de repente, vira o rosto e lá, não muito longe, ali embaixo, encontra-se o irmão dela, de pé, no cais. Lágrimas lhe vêm aos olhos. Ela se disfarça. "Ânimo, Ânimo!" grita-lhe. "Vou lhe contar tudo. Dê lembranças a todo o mundo. Oh, como detesto deixar Nova York. Prefiro ficar com você, mas agora é demasiado tarde. De mais a mais, você não gostaria que eu fizesse isso. Oh, vai ser tão maravilhoso...")

EU – Pare. Agora prossiga com a fala de seu papel na peça. Não perca o que já obteve. Exatamente assim como está agora – falando a seu irmão. Você é aquilo que deveria ser no papel.

A CRIATURA – Mas, no papel, eu estou falando com minha mãe.

EU – Ela é realmente sua mãe?

A CRIATURA – Não.

EU – Então que diferença faz? O teatro existe para mostrar coisas que não existem realmente. Quando você ama em cena, está amando de fato? Seja lógica. Você substitui o fato real pela criação. A criação deve ser real, mas esta é a única realidade que deve haver ali. Sua experiência de duplo sentimento foi um acaso feliz. Através da força de vontade e do conhecimento do ofício, você o organizou e o recriou. Agora, ele está em suas mãos. Use-o se o seu senso artístico lhe diz que ele se relaciona com o seu problema e cria uma pretensa vida. Imitar é errado. Criar é certo.

A CRIATURA – Mas enquanto o senhor falava, perdi o que parecia ser um processo muito importante de recriação. Devo começar de novo a minha história? Preciso voltar àquele estado de duplo sentimento?

Eu – Como se aprende uma canção que a gente quer guardar na lembrança? Como se aprende a reter os lineamentos dos músculos que se pretende desenhar? Como se aprende a misturar as cores que se deseja usar na pintura? Através de constante repetição e aperfeiçoamento. Pode ser difícil para você e mais fácil para algum outro.

Uma pessoa pode lembrar-se de uma canção, ouvindo-a uma só vez – outra terá de ouvi-la muitas vezes. Toscanini lembrava de uma música depois de ter lido o manuscrito uma só vez. Pratique! Eu lhe dei um exemplo. Você pode encontrar ao seu redor e dentro de si centenas de oportunidades. Trabalhe-as e aprenda a trazer de volta o que parece perdido. Aprenda a trazê-lo de volta realmente e faça bom uso disso. A princípio a coisa vai exigir muito tempo, habilidade e esforço. O assunto é delicado. Você achará o rumo e tornará a perdê-lo muitas vezes. Não esmoreça. Lembre-se, este é o trabalho fundamental do ator – ser capaz de "ser" aquilo que deseja ser, consciente e exatamente.

A Criatura – Em meu caso particular, qual seria a sua sugestão para que eu consiga trazer de volta o que eu, aparentemente, achei e perdi?

Eu – Antes de tudo, trabalhe somente nisso. Está bem que eu lhe tenha dado algumas lições práticas para mostrar-lhe o caminho, mas o seu trabalho efetivo será feito em solidão, inteiramente dentro de você mesma. Agora, você já sabe como: pela concentração. Pense sobre o processo de aproximação do momento real daquele efetivo duplo sentimento. Você saberá quando alcançá-lo. Irá sentir o seu calor e satisfação.

Na prática, todo bom ator faz isso inconscientemente quando representa bem e sente-se feliz com o fato. Entretanto, gradualmente, você gastará menos e menos tempo para tanto. Será simplesmente como recordar uma canção. Por fim, a chispa do pensamento há de ser suficiente. Você eliminará pormenores. Você definirá a coisa toda dentro de seu ser com um objetivo certo, e com a prática, uma simples sugestão fará você "ser" o que desejar. Então use as palavras do autor e, se a sua escolha for correta, elas hão de soar sempre com viço, sempre vivas! Você não terá necessidade de representá-las. Mal precisará formulá-las, elas virão de maneira muito natural. Necessitará apenas ter perfeita técnica corporal a fim de projetar toda e qualquer emoção que pretenda expressar.

A CRIATURA — E se a escolha de meus próprios sentimentos não for correta, o que acontecerá então?

EU — Já viu um manuscrito da música de Wagner? Se for a Bayreuth, não deixe de ir ver um deles. Observe quantas vezes Wagner apagou e riscou notas, melodias, harmonias, até encontrar o que procurava. Se ele procedeu assim tantas vezes, você por certo pode tentar com não menos vezes.

A CRIATURA — Suponha que eu não descubra em minha experiência de vida um sentimento similar, o que acontecerá então?

EU — Impossível! Se você é um ser humano sensível e normal, a vida em seu todo está aberta e é familiar a você. Afinal de contas, poetas e dramaturgos também são humanos. Se eles encontram em suas vidas experiências para usar, por que não haveria você de encontrá-las? Mas terá de empregar a imaginação; você nunca pode saber onde irá descobrir aquilo que procura.

A CRIATURA — Está certo, suponha que devo representar um crime. Eu nunca matei ninguém. Como hei de encontrar isso?

EU — Oh, por que todos os atores me perguntam sempre sobre este caso, do crime? Quanto mais jovens são, mais crimes querem representar. Está bem, você nunca matou ninguém. Já acampou alguma vez?

A CRIATURA — Sim.

EU — Já ficou sentada alguma vez no bosque, à beira de um lago, depois do pôr-do-sol?

A CRIATURA — Sim.

EU — Havia pernilongos por ali?

A CRIATURA — Sim, foi em New Jersey.

EU — Eles a importunaram? Você chegou a acompanhar

um deles com os olhos e ouvidos, com todo o seu ódio, até que o inseto pousou em seu braço? E então você largou um tapa sobre o braço, com toda a força, sem pensar por um momento sequer que estava machucando a si própria – com o único desejo de... acabar?

A CRIATURA – (*Bastante envergonhada*.) De matar o animal.

EU – Aí está. Um bom artista sensível não precisa mais do que isso para representar a cena final de Otelo e Desdêmona. O resto é obra de amplificação, imaginação e fé.

Gordon Craig[2] tem um ex-libris fantástico, com um desenho extraordinariamente belo – inusitado e estranho. Não se pode dizer o que seja, mas dá uma sensação de algo incubante, perfurante, uma sensação de lenta impulsão e luta. Não é mais que uma traça de livros, uma traça comum, aumentada muitas vezes. Um artista encontra uma fonte de inspiração em qualquer parte. A natureza ainda não deu a você um centésimo do que ainda lhe reserva. Vá e procure-o. Um dos mais fascinantes atores grotescos no palco é Ed Wynn. Você é capaz de imaginar de onde lhe veio o truque de pôr um pára-brisa com um limpador diante dos olhos quando começou a comer um *grape-fruit*? É capaz de imaginar como ele olhava o barro e a água, enquanto dirigia o seu carro, protegido por um pára-brisa de verdade; olhava-o com absoluta satisfação, sentindo-se seguro? Depois, num almoço, talvez, terá recebido um banho de suco de *grape* nos olhos. Ele associou as duas idéias e o resultado é este encantador disparate.

---

2. Edward Gordon Craig (1872-1966), ator, diretor, cenógrafo e teórico inglês. Filho da célebre atriz Ellen Terry e do arquiteto E. W. Goodwin, foi um dos pioneiros da teatralidade moderna, ao lado de Adolphe Appia. Seu pensamento repercutiu em criadores cênicos como Ievreinov, Meierhold, Taírov, Copeau, Barrault e muitos outros. *A Arte do Teatro* (1905) reúne alguns de seus principais escritos sobre o teatro e a revista *The Mask* (1908-1929) constitui-se num foco da renovação dramática e cênica do teatro.

A CRIATURA – Duvido que o tenha inventado dessa maneira.

EU – Certamente que não. Mas inconscientemente passou por todo esse processo. Como espera aprender o seu ofício se não analisa o que já foi conseguido? Do contrário esqueça tudo isso e vá em busca de suas próprias realizações.

A CRIATURA – O que faz o senhor quando encontra em seu papel passagens em que não pode aplicar aquele seu "ser"?

EU – Você precisa encontrá-lo para cada passagem, tome cuidado para não exceder-se. Não queira procurar "ser" quando deveria procurar "fazer". Não se esqueça de que, quando você quer ser ator de corpo e alma, precisa querê-lo a ponto de esquecer-se inteiramente de seu próprio eu, e quando sua técnica estiver suficientemente desenvolvida, poderá representar a maior parte do material escrito. É exatamente como trautear uma canção. Os pontos difíceis são os que você deve vigiar e elaborar. Toda peça está escrita para um ou, no máximo, alguns momentos de "alta tensão". O público paga o preço das entradas – não por duas horas completas – mas pelos melhores dez segundos, os dez segundos em que consegue a maior gargalhada ou frêmito. Toda a força e a perfeição de que você é capaz devem ser dirigidas para esses poucos segundos.

A CRIATURA – Obrigada, eu os tenho em meu papel. Sei agora o que estava errado – há três passagens que eu não elevei acima do restante da peça – por isso o meu desempenho tornou-se monótono. Procurarei agora "ser" nessas passagens. O senhor tem certeza de que irão sair bem?

EU – Tanta certeza quanto a de que em breve voltará a me procurar com outro problema.

A CRIATURA – Oh, como fui tola em não voltar a procurá-lo logo.

EU – De modo algum. Demora pelo menos um ano para obter a base necessária à sua técnica. Agora já obteve o suficiente para ser uma atriz daqui por diante. Assim nada foi perdido. Se eu lhe tivesse dito há um ano atrás o que estou lhe dizendo agora, você não iria entendê-lo e jamais teria voltado. Agora você veio de novo e algo me diz que sua próxima visita ocorrerá muito em breve. Penso que até sei quando – quando receber um papel no qual você não será você mesma – em que tiver de modificar-se um pouco – quando não for mais um mero tipo conveniente e tiver que tornar-se uma artista ousada.

A CRIATURA – Posso vir amanhã?

EU – Não, não venha enquanto não tiver representado o seu papel. Espero que possa representá-lo muito bem. E espero também que não receba críticas muito favoráveis. Nada é pior para uma jovem artista do que a crítica enaltecedora. Quando isso acontece, antes que você se dê conta, você se torna preguiçosa e começa a chegar tarde aos ensaios.

A CRIATURA – Isto me lembra...

EU – Eu sei. Foi por isso que eu disse. Vá e ensaie agora. Feliz e forte como sempre. Você tem uma coisa bonita para trabalhar com ela. Entrementes, não se esqueça daquela historieta dos pepinos.

Repare em tudo à sua volta – observe a si mesma com ânimo. Colete e guarde na alma todas as riquezas da vida e sua plenitude. Mantenha essas lembranças em ordem. Você nunca pode dizer quando terá necessidade delas, mas elas serão seus únicos amigos e mestres no ofício que você pratica. São as suas únicas tintas e pincéis. E elas vão lhe trazer compensação. Elas são as suas... a sua propriedade pessoal. Não são imitações e irão dar a você experiência, precisão, economia e poder.

A CRIATURA – Sim, obrigada.

EU – E da próxima vez em que vier, traga-me pelo menos uma centena de recordações dos momentos registrados em que você conseguiu de si mesma "ser" o que você quis e quando quis.

A CRIATURA – Oh, não se preocupe. A próxima vez que eu vier procurá-lo conhecerei os meus... pepinos.

(Ela vai embora, forte, viva e bonita; fico sozinho com o meu charuto.)

Pergunto-me quem disse que "o objeto da Educação não é conhecer, porém viver".

Terceira Lição

AÇÃO DRAMÁTICA

A Criatura e eu estamos caminhando juntos por um parque. Ela está furiosa. Esteve ensaiando um papel num filme.

A CRIATURA – ...E então pararam. Fiquei esperando uma hora e meia. Aí começamos. Desta vez três linhas da grande cena; três linhas, e foi tudo. Depois, de novo uma espera de uma hora. É impossível – simplesmente impossível. Maquinaria, eletricidade, lentes, microfone, móveis, é só o que conta. O ator? A quem importa? Representar? Um miserável acessório.

EU – No entanto, alguns atores alcançam aí um grau bastante elevado de arte dramática.

A CRIATURA – De vez em quando – durante cinco segundos – raros como pérolas negras.

EU – Se procurá-los bem, verá que não são tão raros.

A CRIATURA – Oh, como pode dizer isso? O senhor, que durante toda a sua vida lutou por um teatro esplendo-

53

roso, fluente, vivo. Como pode buscar esses raros momentos de beleza em filmes? Mesmo quando os encontra, estão separados, desunidos, cortados, desiguais. Como pode defender esses momentos e justificá-los?

EU – Diga-me, eu a ajudei antes com minhas palavras?

A CRIATURA – Sim, por certo.

EU – Está disposta a ouvir-me agora, com tão poucas interrupções quanto possível?

A CRIATURA – Estou.

EU – Muito bem. Observe esta fonte de mármore. Foi feita em 1902 por Arthur Collins.

A CRIATURA – Como sabe?

EU – Seu nome está gravado na borda do pedestal. Você prometeu não me interromper.

A CRIATURA – Desculpe-me.

EU – Que tal lhe parece o trabalho do Sr. Collins?

A CRIATURA – Nada mal. Bastante simples e claro na forma. Harmoniza com a paisagem; é nobre. Ainda que feito em 1902, tem traços precisos de uma concepção moderna. O que mais fez Arthur Collins?

EU – Esta é a sua última obra. Morreu, aos trinta e cinco anos de idade. Era um artista promissor. Embora jovem, influenciou muitos dos mestres modernos.

A CRIATURA – Dá para ver. Não é maravilhoso que ele tenha deixado atrás de si a sua obra, de modo que podemos contemplá-la, traçar a linha de sua origem criativa e compreender a visão de nossos contemporâneos?

EU – É realmente maravilhoso. Não gostaria de ver e ouvir a Sra. Siddons[1] agora mesmo representar estas linhas:

> Aqui ainda está o odor de sangue; todos os perfumes da Arábia não amenizariam esta pequena mão. Oh! Oh! Oh!

O que você daria para saber o que a Sra. Siddons fez com esses "Oh! Oh! Oh!"? Dizem que as pessoas costumavam desmaiar quando ela os interpretava; nós não

---

1. Sarah Siddons (1755-1831). Uma das maiores atrizes do palco inglês.

sabemos ao certo. E você gostaria de ouvir David Garrick[2], em *Ricardo III*, escarnecer de William Catesby[3]:

> Escravo! Joguei a minha vida num lance.
> E sustentarei a sorte dos dados.

Ou Jefferson[4], ou Booth[5], ou Ellen Terry[6]? Lembro-me ainda da reação de Salvini[7] quando Iago devia dizer:

> Mas aquele que me rouba o meu bom nome
> Rouba-me aquilo que não o enriquece,
> e que a mim torna pobre de fato.

Tentei certa vez descrever isso. Em vão. Fora-se. Esta fonte fala por si própria. Mas não há nada que fale por Salvini.

---

2. David Garrick (1717-1779). Ator, dramaturgo e empresário de teatro, marcou época por seus desempenhos como Hamlet, Macbeth, Romeu, Henrique IV, Ricardo III e sobretudo Lear, opondo-se ao estilo declamatório e alambicado em moda na época e baseando a sua interpretação na simplicidade e na observação das coisas. Foi considerado como uma das expressões maiores da arte do comediante no teatro britânico.

3. Personagem de *Ricardo III* de Shakespeare. A fala é da Cena IV, Ato V, e termina com a conhecida frase: "Um cavalo! Um cavalo! Meu reino por um cavalo!"

4. Nome de uma família de atores anglo-americanos. Thomas Jefferson (1732-1797) trabalhou no famoso teatro Drury Lane juntamente com D. Garrick.

5. Família de atores anglo-americanos. Junius Brutus Booth (1796-1852) foi um rival de Kean nos papéis shakespearianos, sendo a sua interpretação de Ricardo III a mais reputada. Edwin Thomas (1833-1893) mostrou não menos talento que o pai e conquistou renome internacional. Mas o nono filho de Junius Brutus, John Wilkes (1839-1865), ficou na História, mas não por seus dons teatrais e sim por ter sido o assassino do Presidente Lincoln em 1865.

6. Dame Ellen Alice Terry (1847-1928) era filha de ator e estreou no palco aos oito anos. Obteve particular destaque como parceira de Henry Irving no repertório de Shakespeare. Teve dois filhos, sendo um deles E. Gordon Craig (v. n. 2, p. 47).

7. Família de atores italianos. Tommaso Salvini (1829-1915) distinguiu-se como um dos maiores intérpretes teatrais de seu tempo. Stanislavski ficou impressionado com a naturalidade e o acabamento de seu desempenho como Otelo, como se pode ler em *Minha Vida na Arte*.

A CRIATURA – É uma pena, realmente... (*Ela faz uma pausa, fica pensativa e depois diz, com um sorriso ansioso.*) Bem, parece que lhe dei uma deixa.

EU – Você sempre me dá as deixas. Eu não invento coisas, observo-as e apresento-as a você; você tira as conclusões e o proveito delas. As únicas regras efetivas na arte são as que nós mesmos descobrimos.

A CRIATURA – Eu descobri que é muito mau o fato de não serem preservados para a posteridade as imagens e as vozes dos grandes atores. Agora, para tirar daí uma conclusão, pergunto: devo, por causa disso, sujeitar-me em meu trabalho ao mecanicismo e à vulgaridade das fitas de cinema?

EU – Não. A única coisa que você deve fazer é caminhar junto com o seu tempo e dar o melhor de si, como artista.

A CRIATURA – Impossível.

EU – Inevitável.

A CRIATURA – É uma falsa moda, uma mania.

EU – Que maneira estreita de pensar.

A CRIATURA – Toda a minha natureza de atriz rebela-se contra esse monstro mecânico.

EU – Então você não é atriz.

A CRIATURA – Só por que desejo uma saída livre e ininterrupta para a minha inspiração e o meu trabalho criador?

EU – Não. Porque você não se alegra com a descoberta de um grande e decisivo instrumento para a arte dramática; o instrumento que todas as outras artes tiveram desde épocas imemoriais, e que a mais velha das artes, o teatro, não teve até hoje; o instrumento que dá ao teatro a precisão e a serenidade científica que todas as outras artes possuem; o instrumento que exige do ator que ele seja tão exato quanto o esquema de cores na pintura, a forma na escultura, as cordas, as madeiras e os metais na música, a matemática na arquitetura, as palavras na poesia.

A CRIATURA – Mas veja as centenas de filmes incrivelmente estúpidos que aparecem todas as semanas – desempenhos insatisfatórios, ações insignificantes, ritmos errados.

EU – Veja as centenas de milhões de pinturas, canções, desempenhos, casas e livros estúpidos que apareceram desde o início dos tempos, que caíram no esquecimento sem machucar ninguém, enquanto que as boas obras sobreviveram.

A CRIATURA – Será que um filme bom vale por centenas de outros, maus?

EU – Seja generosa. Vale pela idéia. É a preservação da arte do ator – da arte do teatro. Da dramatização falada juntamente com a dramatização escrita. Você não compreende que, com a invenção do registro espontâneo da imagem, do movimento e da voz e, por conseqüência, da personalidade e da alma de um ator, o último elo faltante na cadeia das artes desaparece e o teatro deixa de ser um assunto passageiro para tornar-se um registro perene? Você não compreende que a criação íntima no trabalho do ator não precisa mais ser realizada à vista do público; que já não há necessidade de arrastar a platéia para mostrar-lhe, por dentro, o suor e o esforço que você despende no seu trabalho? O ator fica livre dos espectadores no momento da criação e somente os resultados desta são julgados.

A CRIATURA – O ator diante da maquinaria não fica livre. É retalhado em pedaços – quase que cada sentença de seu papel fica separada da anterior e das seguintes.

EU – Cada palavra do poeta fica separada das demais palavras. O conjunto reunido é o que conta.

A CRIATURA – Mas como se pode chegar ao fluxo da ação em um papel? Como se pode montar uma ação e erguer-se até os clímaxes inconscientes de uma interpretação realmente inspirada?

EU – Do mesmo modo que no teatro. Só porque teve no palco um ou dois papéis bem-sucedidos, você pensa que não tem mais nada a aprender, nada mais a melhorar ou a construir em sua técnica.

A CRIATURA – O senhor sabe que não é assim. Sempre quero aprender. Do contrário não·estaria caminhando com o senhor, pela segunda vez, em torno deste lago desenxabido.

Eu – Bem, o nosso caminhar é desimpedido, contínuo, num fluxo fácil, em marcha ascendente para um clímax.

A Criatura – E o que acontecerá quando eu cair sem fôlego, sobre a relva?

Eu – Exatamente, e é essa a forma como você representa os seus papéis – esbaforindo-se de um para outro, tentando criar emoção e correndo atrás do clímax até que você cai no colo de um crítico, ao querer tomar fôlego. E você não consegue ganhar muito alento deles, tampouco.

A Criatura – Bem, vejo que alguma coisa vem vindo. O que é?

Eu – Qual foi a sua principal dificuldade de trabalho no cinema?

A Criatura – Falta de trampolim. Ser forçada a começar uma cena no meio e terminá-la após quatro ou cinco linhas, depois, passado algum tempo, começar outra cena (que no roteiro vem antes da outra), então representar de novo quatro ou cinco linhas e esperar uma hora. Digo-lhe, é anormal, é horrível...

Eu – Falta de técnica, simplesmente.

A Criatura – Que técnica?

Eu – De estrutura de ação.

A Criatura – Ação cênica?

Eu – Ação dramática que o escritor expressa em palavras, tendo essa ação como propósito e objetivo de suas palavras, e que o ator desempenha e representa, como está implícito na própria palavra ator.

A Criatura – É exatamente isso que é impossível fazer nos filmes. Eu tinha uma cena de amor, duas páginas e meia do roteiro, e enquanto estava interpretando-a fui interrompida onze vezes. Levou o dia inteiro. Minha atuação era no sentido de convencer o homem que me amava de que eu também o amava, mas que me sentia apavorada com o ódio que o pai dele nutria por mim.

Eu – Isso em duas páginas e meia? Você o disse em uma

linha, e de maneira muito convincente. O que foi que fez pelo restante das duas páginas e meia?
A CRIATURA — Tentei fazer a mesma coisa.
EU — Por duas páginas e meia? Graças a Deus que a interromperam onze vezes.
A CRIATURA — Essa era a ação. O que mais havia aí para se fazer?
EU — Olhe essa árvore. É a protagonista de todas as artes; é uma estrutura ideal de ação. Para cima movimento e para o lado resistência, equilíbrio e crescimento.
A CRIATURA — Concordo.
EU — Olhe para o tronco: reto, bem proporcionado, harmonioso com o resto da árvore, sustentando todas as suas partes. É a força condutora; o *leitmotiv* na música; a idéia de ação do diretor numa peça; as fundações de um arquiteto; o pensamento de um poeta, num soneto.
A CRIATURA — Como exprime o diretor essa ação ao montar uma peça?
EU — Através da interpretação da peça e da combinação engenhosa de ações menores, secundárias ou complementares que hão de garantir a referida interpretação.
A CRIATURA — Dê um exemplo.
EU — Muito bem. *A Megera Domada* é uma peça onde duas pessoas desejam amar-se mutuamente, a despeito de seus caracteres impossíveis, e acabam conseguindo realizar seus desejos. Ela também poderia ser uma peça acerca de um homem que triunfa sobre uma mulher, "tratando-a com rudeza". Ela poderia ser igualmente uma peça acerca de uma mulher que torna impossível a vida de todo o mundo. Percebe a diferença?
A CRIATURA — Sim, percebo.
EU — No primeiro caso a ação é amar; no segundo, fanfarronar; no terceiro, a fúria de uma megera.
A CRIATURA — Está querendo dizer então que no primeiro caso, por exemplo, quando o motivo da ação é o amor, o senhor faria os atores assumirem a atitude de amor durante todo o tempo?
EU — Sem dúvida, eu faria com que se lembrassem disso.

Eu lhes pediria que o tivessem presente por trás de cada maldição, de cada briga e cada desavença.

A CRIATURA – E da parte do ator, o que o senhor esperaria?

EU – Que aceitasse as leis de ação da natureza, a tríplice lei que você pode ver expressa naquela árvore. Primeira, o tronco principal, a idéia, a razão. No palco, esta vem do diretor. Segunda, os ramos, elementos da idéia, partículas da razão. Isso vem do ator. Terceira, a folhagem, o resultado das duas anteriores, a apresentação esplendorosa da idéia, a conclusão brilhante do raciocínio.

A CRIATURA – E onde aparece o autor no palco?

EU – Ele é a seiva que flui e alimenta o conjunto.

A CRIATURA – (*Com uma piscada de olhos.*) Para o ator foi escapar por um fio.

EU – (*Também com uma piscada de olhos.*) Bem, se ele não sabe como planejar as suas ações diante da...

A CRIATURA – Só isso chega. Foi um direto no queixo.

EU – ...da câmera e do microfone, e você tem medo de onze interrupções...

A CRIATURA – (*Fica parada e bate o pé no chão.*) Está certo. Está certo. (*Parece muito contrariada.*) Diga-me como agir para *não* ter medo delas.

EU – Preciso de um *script* ou de uma peça para mostrar-lhe exatamente o que estou querendo dizer com essa estrutura de ação. Não tenho nenhum aqui comigo.

A CRIATURA – Fizemos uma boa pecinha agora mesmo, nesta volta que estamos dando há meia hora. Toda vez que conversamos, fazemos isso, na realidade. Por que não utiliza o que falamos como texto de uma peça?

EU – Muito bem. Então eu sou o diretor. Você é uma jovem atriz contracenando numa peça de um ato com um velho rabugento. Eu sou esse homem.

A CRIATURA – Falemos das caracterizações mais tarde, outra hora.

EU – Às suas ordens. Agora vai falar o diretor: O tronco, ou a "espinha dorsal" de sua pecinha, meus amigos (quer dizer, os dois, você e eu), é a descoberta da verdade sobre a ação dramática, não num palco às escuras, ou numa sala de aula, ou em um livro acadêmico, ou na presença de um irritado diretor, pronto a despedi-la, mas no meio da natureza, comprazendo-se com o ar, o sol, um passeio animado e cheio de bom humor.

A CRIATURA — O que significa raciocínio rápido, poder de penetração enérgico, espírito vivo, convicção de idéias, ânsia de compreensão, vozes claras, ritmo célere e presteza de argumento, para dar e receber.

EU — Bravo! Bravo! Como diretor concluo. Com sua ajuda, estabelecemos o tronco ou a "espinha dorsal". Agora, vamos ver a seiva.

A CRIATURA — Quer dizer, o autor...?

EU — Exatamente. Assim está bom?

A CRIATURA — (*Afasta-se de mim, numa corrida, bate palmas e ri com uma satisfação das mais infantis. Corro atrás dela e pego-a pelas mãos.*)

EU — Estamos quites. Vamos continuar e analisemos as palavras em termos de ação. Vejamos a sua parte. O que fez você no início da peça?

A CRIATURA — Queixei-me...

EU — ...Amarga e exageradamente...

A CRIATURA — ...Escarneci e desprezei...

EU — ...Com a encantadora determinação da juventude.

A CRIATURA — ...Empilhei provas.

EU — Não de maneira convincente, mas forçada.

A CRIATURA — Não acreditei no senhor... e o censurei.

EU — Como uma criança teimosa. E você esqueceu que, enquanto caminhava, por vezes concordava comigo, observava e estudava a fonte do Sr. Collins, sentia-se cansada fisicamente, procurava palavras para opor a meus argumentos, apreciava alguns versos shakespearianos e, com tudo isso, cobria umas nove falas.

A CRIATURA — (*Horrorizada.*) Fiz todas essas coisas de repente?

EU — Jamais. Nenhum ser humano poderia. Mas tendo o tronco principal ou o fio da ação em mente, o que você fez foi enfiar nesse fio as ações secundárias ou complementares como contas num cordão, uma após outra, às vezes imbricando-as uma na outra, mas sempre claras e distintas.

A CRIATURA — Não eram elas apenas entonações e inflexões?

EU — De onde viriam, senão como resultado da ação?

A CRIATURA — É verdade.

EU — Descrevendo suas ações, você usou somente verbos, o que é significativo. Um verbo é em si ação. Primeiro você deseja algo, é a sua vontade de artista; depois você o define num verbo, é a sua técnica de artista; e então o realiza efetivamente, é a sua expressão de artista. Você o realiza por meio da fala — palavras de um...

A CRIATURA — Minhas próprias palavras, neste caso.

EU — Não importa, muito embora algumas palavras inteligentes do autor fossem bem melhores.

A CRIATURA — (*Aquiesce com a cabeça, silenciosamente, ainda que seja difícil assentir assim quando se é jovem.*)

EU — O autor as teria escrito para você. Então você poderia pegar um lápis e escrever "música da ação" debaixo de cada palavra ou fala, como se escreve música para a letra de uma canção; depois, no palco, você executaria essa "música da ação". Teria que decorar suas ações como decora a música. Teria que saber com precisão a diferença entre "eu me queixei" e "eu desprezei" e, ainda que as duas ações se sigam uma à outra, você teria que ser tão diferente na respectiva enunciação quanto o cantor o é ao dar um "mi" ou um "mi bemol".

Além disso, quando você conhece a ação de cor, nenhuma interrupção ou mudança de ordem podem perturbá-la. Se você tem a sua ação encerrada numa só palavra e sabe exatamente que ação é essa, você a tem dentro de si, à disposição, numa fração de segundo, e como poderá ficar perturbada quando chegar o momento de apresentá-la? Sua cena ou papel é um longo colar de contas, contas de ação. Você joga com elas como joga com um rosário. Pode começar em qualquer parte, em qualquer momento e ir até onde quiser, se tiver as próprias contas bem presas.

A CRIATURA — Mas não acontece às vezes que a mesma

ação pode durar páginas e páginas ou pelo menos constituir uma cena muito longa?

Eu – Certamente. Apenas se torna mais árduo então para o ator manter o seu andamento sem monotonia. "Ser ou não ser" compreende nove sentenças e uma única ação...

A Criatura – Qual é?

Eu – Ser ou não ser. Shakespeare não se arriscava com os atores. Dizia-lhes desde o começo o que ele queria que fizessem. Por causa do significado dessa ação e da extensão da cena em si, é a mais difícil de representar. Recitá-la é muito fácil.

A Criatura – Compreendo. A recitação é como a folhagem de uma árvore sem o tronco nem os ramos.

Eu – Precisamente. Basta jogar com as modulações de voz e as pausas artificiais. Mesmo no melhor dos casos, com uma voz muito bem treinada, é somente uma música bastante pobre. Como drama, é zero.

A Criatura – Qual foi a sua ação quando começou a enumerar os nomes de atores e falas em seus papéis? O senhor parecia realmente aflito e ansioso. Será que esqueceu a "espinha dorsal" combinada? Resolvemos que deveria haver "energia, espírito brilhante, pensamento rápido" e assim por diante...

Eu – Não. Mas o que eu queria era fazê-la dizer: "É pena". Eu só poderia consegui-lo de uma maneira, despertando sua simpatia para com os meus sentimentos. Isto, por sua vez, a fez pensar sobre as minhas palavras, e você, por si mesma, tirou a conclusão que eu estava procurando.

A Criatura – Em outros termos, o senhor se fez de aflito para me tornar pensativa?

Eu – Sim, e desempenhei a coisa "de maneira enérgica, com espírito brilhante e pensamento rápido".

A Criatura – Poderia interpretar alguma outra ação com as mesmas palavras e obter os mesmos resultados?

Eu – Sim. Porém minha ação foi instigada por você.

A Criatura – Por mim?

Eu – Sim. Ou melhor, por seu caráter. Para convencê-la de

alguma coisa é preciso aproximar-se de você por meio da emoção. O frio raciocínio é inacessível a seu tipo de cabeça – a cabeça de um artista às voltas principalmente com sua própria imaginação ou a de outras pessoas. Se, em vez de você, meu companheiro fosse um barbudo professor de História, eu não teria agido como quem está aflito. Teria tentado entusiasmá-lo com um quadro do passado – o ponto fraco de todos os historiadores – e ele haveria de render-se à minha expressão.

A CRIATURA – Estou entendendo. Quer dizer que a gente deve escolher os seus modos de ação de acordo com o caráter do papel que se contrapõe a nós.

EU – Sempre. Não só com o caráter do papel, mas também com a personalidade do ator que desempenha o papel.

A CRIATURA – Como irei memorizar a ação?

EU – Depois de ter detectado o sentimento através de sua "memória afetiva". Lembra-se ainda de nossa última conversa?

A CRIATURA – Sim.

EU – Você está pronta para a ação. Os ensaios são úteis para esse propósito. Você repete a ação umas poucas vezes e passa a lembrá-la. As ações são muito fáceis de lembrar – mais fáceis do que as palavras. Diga-me agora o que representou nas nove primeiras falas de nossa peça, a que acabamos de repassar?

A CRIATURA – (*Rompe numa rápida e enérgica enumeração. Põe todo o coração nisso.*) Eu me queixei, escarneci, desdenhei. Eu o censurei. Não acreditei no senhor...

EU – E qual é a sua ação agora, enquanto atira entusiasticamente no meu rosto todos esses verbos odiosos?

A CRIATURA – Eu... eu.

EU – Vamos, qual é a sua ação?

A CRIATURA – Estou tentando lhe provar que acredito em suas palavras.

EU – E eu acredito em você, porque o comprovou com a ação.

Quarta Lição

CARACTERIZAÇÃO

Estou esperando a Criatura, junto à entrada dos artistas. Está trabalhando numa companhia que leva uma peça importante. Pediu-me que viesse depois do ensaio e a acompanhasse até a sua casa. Quer falar comigo sobre o seu papel.

Não tenho de esperar muito. A porta se abre. Ela sai apressadamente. Cansada, com os olhos brilhantes, seus belos cabelos despenteados, traz um terno rubor de excitação nas faces.

A CRIATURA – Sinto muito desapontá-lo. Não posso ir com o senhor. Não vou para casa. Tenho de ficar aqui, para ensaiar.

EU – Vi que todos os atores saíram. Você vai ensaiar sozinha?

A CRIATURA – (*Assentindo com a cabeça, tristemente*) Uhmmmm...

EU – Algum problema?

A CRIATURA — Muitos.

EU — Posso entrar e assistir a seu ensaio?

A CRIATURA — Muito obrigada. Eu estava com medo de convidá-lo.

EU — Por quê?

A CRIATURA — (*Põe-se nas pontas dos pés e segreda ao meu ouvido, com os olhos esbugalhados de horror.*) Estou muito, mas muito mal.

EU — Gostaria mais de ouvi-la dizer que "Vamos, venha me ver. Estou muito, mas muito bem".

A CRIATURA — Bem, digo que estou mal porque tudo é culpa sua. Neste novo papel fiz tudo o que me recomendou e, ainda assim, estou mal.

EU — Muito bem, vamos ver.

(*Passamos diante de um porteiro, muito velho, em mangas de camisa, fumando cachimbo. Ele me olha com olhos encovados e fundos, sob entufadas sobrancelhas. Seu rosto barbeado tem expressão firme. Não deixa ninguém entrar. Sua mera presença barra a entrada. Ele desempenha o seu papel. Não é apenas um guarda — é uma esplêndida personificação de Francisco, Bernardo ou Marcelo em seu rosto. Ergue a mão com um gesto nobre.*)

A CRIATURA — Tudo certo, Pa, o cavalheiro está comigo.

(*O velho aquiesce silenciosamente, e em seus olhos envelhecidos posso ler a permissão de entrar. Penso comigo mesmo: "É preciso ser ator para ser benévolo com tanta economia. Será que ele não o é?" Tiro o chapéu ao entrar no palco. Está escuro. Uma lâmpada elétrica desenha um halo no centro da escuridão. A Criatura me toma pela mão e me conduz escada abaixo, até as poltronas, na platéia.*)

A CRIATURA — Sente-se aí, por favor; não diga nada; não me interrompa. Deixe-me interpretar para o senhor algumas cenas sucessivas, depois, diga-me o que está errado.

(*Ela volta ao palco. Fico sozinho, num espaço bordejado por faiscantes buracos escuros de camarotes, por silenciosas fileiras de poltronas cobertas de lona, por débeis ruídos externos.*

Todas as sombras são estranhas e sólidas. A quietude é tremente e viva. Respondo a essa quietude. Meus nervos começam a vibrar e a lançar filamentos de simpatia para o grande enigma promissor, o palco vazio. Uma paz singular desce sobre minha mente, como se eu cessasse parcialmente de existir e a alma de alguma outra pessoa estivesse vivendo dentro de mim em vez da minha própria. Estarei morto para mim mesmo, vivo para o mundo exterior. Irei observar um mundo imaginário, participar dele. Despertarei com o meu coração cheio de sonhos. Doce veneno de um teatro vazio, de um palco vazio, com um único ator ensaiando nele.
A Criatura aparece. Traz um livro na mão. Tenta ler, mas seu espírito está distraído. Evidentemente acha-se à espera de alguém. Deve ser alguém de importância, na verdade. Ela parece tremer. Olha à sua volta, como que procurando aprovação e conselho de um amigo invisível. Sente-se encorajada; posso ouvir o fraco sopro de sua respiração.
Então, de repente, avista alguém bem longe. Apruma-se, acelera rapidamente o alento. Deve estar com medo. Finge ler o livro. Mas para mim é claro que ela não está vendo uma só letra. Nenhuma palavra é pronunciada. Observo tensamente e murmuro para mim mesmo: "Bem realizado, Criatura, muito bom, agora estou preparado para toda e qualquer palavra que você pronuncie."
A Criatura ouve. Seu corpo está descontraído, a mão que segura o livro pende lassamente. A cabeça está ligeiramente voltada para um lado, prestando como que uma ajuda inconsciente ao ouvido através do qual palavras imaginárias entram em sua alma. Ela aquiesce com a cabeça.)
A CRIATURA —

   Oh meu senhor,
  Como passa vossa alteza, depois de tanto tempo?*

(Há na sua voz um respeito e um afeto cálido e sincero. Ela fala como a um irmão mais velho. Depois fica receosa e trê-

---

* Good may lord,
 How does your honour for this many a day? (*Hamlet*, Ato III, Cena I).

mula, na expectativa de uma resposta imaginária. A resposta vem.)

....

(*Ela fecha os olhos por um momento.*)

> Meu senhor, tenho recordações vossas,
> que de há muito desejara retorná-las.
> Peço-vos que as recebais agora.*

(*O que é isso? Sua voz soa como se não estivesse dizendo toda a verdade. Há nela um temor de expectativa. Ela parece petrificada. Olha de novo à sua volta como se procurasse o apoio de um amigo invisível. De repente retrocede, encolhendo-se como que atingida pela resposta imaginária.*)

....

(*Deve ter sido um golpe direto no coração. Seu livro cai, seus dedos trêmulos agarram-se uns aos outros. Ela se defende.*)

> Meu honrado senhor, bem sabeis que o fizestes
> e com palavras de tão doce alento compostas que
> as coisas ficaram mais ricas: perdido o seu perfume,
> tomai-as de novo; pois para a mente bem-nascida
> ricos dons empobrecem se quem dá se mostra rude.**

(*Sua voz quebra-se e, depois, de súbito eleva-se livre e forte, em defesa de seu orgulho e de seu amor feridos.*)

> Ei-los, meu senhor.***

(*Ela parece crescer em estatura. É o resultado da coordenação entre seus músculos e sua emoção, o primeiro sinal de uma atriz treinada: quanto mais forte a emoção, maior a desenvoltura de sua voz, maior a relaxação de seus músculos.*)

....

* My lord, I have remembrances of yours,
That I have longed long to re-deliver;
I pray you, now receive them.

** My honour'd lord, you know right well you did;
And, with them, words of so sweet breath compos'd
As made the things more rich: their perfume lost,
Take these again; for to the noble mind
Rich gifts wax poor when givers prove unkind.

*** There, my lord.

Senhor?*

(*Há uma força quase masculina nesse corpo frágil.*)

....

Que quereis dizer com isso, Vossa Alteza?**

(*Esquecido o seu temor, ela fala como um igual. Não olha à sua volta em busca de ajuda ou confirmação para as suas ações. Lança as palavras no espaço escuro sem esperar aparentemente uma resposta.*)

....

Poderia a beleza, meu senhor, ter melhor trato do que a honestidade?***

....

(*Então seu rosto sofre uma mudança. Dor, ternura, adoração, tudo isso está em seus olhos e em seus lábios trêmulos. Compreendo: o inimigo é o amado. Uma linha sussurrada – como vento queixoso...*)

De fato, meu senhor, me fizestes crer assim.****

....

(*E ainda mais tranqüilamente, e mais penalizada.*)

Tanto maior foi minha decepção.*****

....

(*Segue-se um longo silêncio. Ela engole inaudíveis palavras de ira, vexame, acusação, palavras que a arrasam e a lembram de alguém que ela, em sua sinceridade, esquecera, mas que tem poder sobre ela e que lhe dissera exatamente o que fazer. Tem consciência disso, agora. Ela não é ela mesma, porém uma filha obediente. É um instrumento nas mãos de seu pai. De súbito estremece. Ouve a pergunta inevitável, a*

---

* My lord?*
** What means your lordship?
*** Could beauty, my lord, have better commerce than with honesty?
**** Indeed, my lord, you made me believe so.
***** I was the more deceived.

pergunta comprometedora. E mais uma vez a mentira é a resposta, uma mentira torturante.)

Em casa, meu senhor.*

....

(O horror a fustiga; o desespero a faz soluçar desde o mais profundo de sua alma, como se todo o seu ser estivesse lamentando-se: Oh! O que foi que eu fiz? Então uma prece ao único que pode agora ajudar.)

Oh, ajudai-o, dulcíssimos céus!**

....

Oh, poderes celestes, restabelecei-o!***

....

(Mas céu e terra permanecem em silêncio. O único estrondo é a voz de alguém em quem ela confiava e a quem amava. As palavras por trás dessa voz são como escorpiões a ferroar. Não há sinal de compreensão nelas, nem sinal de ternura – não há um tom sequer de mercê. Ódio, acusação, denúncia. O fim do mundo. Porque o mundo, para todos nós, é o ser a quem amamos. Quando ele se vai, o mundo também se vai. Quando o mundo se vai, nós nos vamos. E por isso podemos permanecer calmos e vazios e esquecidos de tudo e de todos que, há um minuto apenas, eram tão importantes e poderosos. A Criatura está só em todo o seu ser. Posso vê-lo em seu corpo contraído e em seus olhos amplamente abertos. Se houvesse agora, atrás dela, um exército de pais, ainda assim estaria só. E só a si mesma diria aquelas palavras constrangedoras, as derradeiras palavras de uma mente sã, que tenta desesperadamente verificar tudo o que aconteceu há um segundo apenas. É incrivelmente doloroso. É como a alma separando-se do corpo. As palavras apartadas amontoam-se, precipitam-se umas sobre as outras, em um ritmo cada vez mais acelerado. A voz está cavernosa. As lágrimas por trás

---

* At home, my lord.
** O, help him, you sweet heavens!
*** O, heavenly powers, restore him!

dela são inadequadas para acompanhar esse último adeus; a fala é como uma pedra rolando para o fundo, para o fundo, em um abismo insondável.)

> Oh, que nobre mente está aqui quebrantada!
> O olho, a língua, a espada do cortesão, do soldado, do erudito:
> A esperança e a rosa da bela condição,
> O espelho da elegância e o molde da forma,
> O observado por todos que observam, tudo por terra!
> E eu, das mulheres, a mais desgraçada e infeliz,
> Que sorvi o mel de seus votos musicais,
> Vejo agora que tão nobre e soberana razão,
> Como doces sinos desafinados, soa fora de tom e áspero;
> A forma e a feição ímpar da juventude em flor
> Fanada pelo arroubo do delírio: ó dor sem fim,
> Ter visto o que vi, ver o que vejo assim!*

(*Ela cai de joelhos, exausta, com os olhos fixos na escuridão da casa vazia diante de mim, sem enxergar, sem registrar nada. A loucura subseqüente seria a inevitável e lógica loucura da mente que perdeu seu mundo.*)

(*Ela se desprende de tudo isso, ergue-se de um salto, esfrega a cabeça e sacode a sua dourada cabeleira com as mãos, dá meia volta e diz com sua voz juvenil.*)

A CRIATURA — Bem, é o melhor que sei fazer e, como diz Gordon Craig: "Ainda assim é muito ruim que o melhor de alguém seja tão ruim".

---

* O, what a noble mind is here o'erthrown!
  The courtier's, soldier's, scholar's eye, tongue, sword:
  The expectancy and rose of the fair state,
  The glass of fashion and the mould of form,
  The observ'd of all observers, — quite, quite down!
  And I, of ladies most deject and wretched,
  That suck'd the honey of his music vows,
  Now see that noble and most sovereign reason,
  Like sweet bells jangled, out of tune and harsh;
  That unmatch'd form and feature of blown youth
  Blasted with ecstasy: O, woe is me,
  To have seen what I have seen, see what I see!

(*Ela dá uma risadinha. Outro sinal de um ator treinado. Não importa quão profunda emoção há na atuação, com o retorno à vida real esta emoção é interrompida e posta de lado sem nenhuma perturbação.*)

EU – Desça até aqui.

(*Ela salta sobre a ribalta, corre até a poltrona ao meu lado e senta-se, dobrando as pernas debaixo de si.*)

EU – E eles o que lhe dizem?

A CRIATURA – ...Que está exagerado. Que eu "rasgo uma paixão em farrapos". Que ninguém acreditaria em mim. Que é hipnotismo patológico e não representação, que vou arruinar a mim mesma e à minha saúde. Que este tipo de atuação não deixa nada para a imaginação da platéia, que para o espectador uma sinceridade tão cabal é embaraçadora. Como se alguém de repente aparecesse nu em meio de uma multidão vestida. É o suficiente, não é?

EU – Não só suficiente, como verdadeiro, minha querida.

A CRIATURA – *Et tu, Brutus?* O senhor é impossível. Fiz tudo como o senhor me ensinou...

EU – E fez tudo muito bem, devo dizer.

A CRIATURA – Então não compreendo, o senhor está se contradizendo...

EU – De modo algum. Você fez à risca tudo o que lhe ensinei. Até aí estou orgulhoso de você. Até aí. Agora deve dar o passo seguinte. Não é exagero quando lhe observam que você parece uma pessoa nua em meio de uma multidão vestida. Você parece. Isto não me importa, porque eu sei ao que tudo se refere... mas o público se importará. Ele tem direito a um produto acabado.

A CRIATURA – Isto significa mais estudos e mais exercícios?

EU – Sim.

A CRIATURA – Desisto. Mas continue.

EU – Você não vai desistir. Se eu não lhe dissesse agora mesmo o que vou lhe dizer, você iria trabalhar até encontrá-lo por si própria. Poderia exigir-lhe alguns anos, talvez um pouco mais. Mas você trabalharia até que dominasse o próximo passo. E mesmo então não iria parar. Uma nova dificuldade haveria de surgir e você iria atrás dela.

A CRIATURA — Interminavelmente?

EU — Interminavelmente e persistentemente. Eis a única diferença entre um artista e um sapateiro. Quando o sapateiro apronta seu par de botinas, tudo termina, ele se esquece delas. Quando um artista acaba uma obra, ele ainda não terminou. É apenas um outro passo. Todos os passos encaixam-se um no outro...

A CRIATURA — Se o senhor não fosse tão exasperantemente lógico, qual um velho matemático, um, dois, três, quatro. É de enojar. Não é arte, apenas artesanato. Um velho fazedor de armários, é isso o que o senhor é.

EU — Quer dizer um fazedor de emoções? Muito obrigado pelo elogio. Gostaria agora de me transformar em um fazedor de vestidos e vestir suas emoções? Porque, como ambos concordamos, eu e seus superiores, suas emoções estão inteiramente nuas, minha filha. Tão inteiramente assim que dá pena.

A CRIATURA — (*Ri gostosamente e de maneira provocante.*) A mim não importa.

EU — Mas a mim, sim. Não quero que ninguém diga que minhas pseudomoralidades são imorais. Amorais, talvez, mas não imorais.

A CRIATURA — (*Continuando a rir.*) Eu não cogitaria de uma tal coisa. Por favor, vista-me. Estou nua — ouvidos, nariz, olhos, emoções e tudo mais.

EU — Vou me encarregar apenas das emoções, com sua licença. E começarei cobrindo-as de elogios. Observei com cuidado tudo o que você fez ao construir o seu papel — seu controle físico, sua concentração, sua escolha e claro esboço das emoções, seu poder de projetar tais emoções. Tudo isso foi esplêndido. Estou orgulhoso de você. Mas faltou uma coisa.

A CRIATURA — O quê?

EU — Caracterização.

A CRIATURA — Oh, isto é simples. Quando eu puser o meu traje e fizer a minha maquilagem.

Eu – Não acontecerá nada, minha querida.

A Criatura – O senhor não pode dizer uma coisa assim. Quando estou totalmente maquilada e vestida, sinto-me como a pessoa que devo representar. Então não sou mais eu mesma. Nunca me preocupo com a caracterização, ela vem por si própria.

(*Sou obrigado a recorrer a um meio bem forte para apeá-la de sua alta pretensão e heresia. Procuro no meu bolso um pequeno livro antigo, e abro-o na primeira página.*)

Eu – Leia-o.

A Criatura – É um de seus truques?

Eu – (*Acendendo uma luz.*) Leia-o.

A Criatura – (*Lê.*) *The Actor: A Treatise on the Art of Playing* (*O Ator: um Tratado sobre a Arte de Representar*). Londres, Impresso para R. Griffiths, em Dunciad na Paróquia de St. Paul, MDCCL.

Eu – (*Viro algumas páginas.*) Lembre-se desse MDCCL. Quase duzentos anos, isso deveria impressioná-la. Agora leia aqui.

A Criatura – (*Lê com dificuldade os caracteres antigos e soletra.*) "O ator que deve expressar-nos uma paixão peculiar e seus efeitos, se for interpretar a sua personagem com *verdade*, deve não somente assumir as emoções que a paixão iria produzir na generalidade da espécie humana, mas deve dar-lhe aquela forma peculiar..."

Eu – (*Interrompendo-a.*) Agora leia mais alto e lembre-se...

A Criatura – (*Assim procede.*) "...sob a qual lhe caberia aparecer, quando ela se exercesse no coração de uma pessoa tal como ele nos está dando o retrato."

(*Uma pausa. A querida Criatura levanta seus lindos olhos, tira um cigarro, acende-o com o meu isqueiro e apaga a chama furiosamente. Sei que agora ela me escutará.*)

A Criatura – Bem, o que é que ele quer dizer, esse anônimo de duzentos anos?

Eu – (*Não sem uma ligeira inflexão de triunfo.*) Que antes

de pôr a sua vestimenta e a sua maquilagem, você precisa dominar a sua caracterização.

A CRIATURA — (*Coloca o braço debaixo do meu e pergunta ternamente.*) Diga-me, como? (*Não se pode ficar zangado com ela.*) E se quiser um cigarro, eu lhe darei.

EU — (*Como que contando um conto de fadas há muito esquecido.*) É deste jeito, minha filha. O ator cria toda a extensão da vida de uma alma humana no palco, cada vez que cria um papel. Esta alma humana deve ser visível em todos os seus aspectos, físico, mental e emocional. Além do que, deve ser única. Deve ser *a alma*. A mesma alma que o autor imaginou, que o diretor lhe explicou e que você trouxe à superfície das profundezas de seu ser. Nenhuma outra, mas somente esta.

E a personagem que possui esta alma criada no palco é única e diferente de todas as demais. É Hamlet e ninguém mais. É Ofélia e ninguém mais. São humanos, é verdade, mas aqui termina a semelhança. Todos nós somos humanos, temos o mesmo número de braços e pernas, e nossos narizes estão implantados respectivamente nas mesmas posições. No entanto, assim como não há duas folhas de carvalho iguais, não há dois seres humanos iguais. E quando um ator cria uma alma humana em forma de uma personagem, deve seguir a mesma sábia lei da Natureza e fazer essa alma de modo que seja única e individual.

A CRIATURA — (*Em autodefesa.*) Não foi o que fiz?

EU — Você o fez de um modo geral. De seu próprio corpo, mente e emoções, você criou uma imagem que poderia ter sido a imagem de qualquer moça. Sincera, convincente, poderosa, porém abstrata. Poderia ser Elisa, Mary ou Ana. Mas não era Ofélia. O corpo era de uma jovem, mas não o de Ofélia. A mente era de uma jovem, mas não a de Ofélia. Era...

A CRIATURA — Tudo errado. O que hei de fazer agora?

EU — Não se desespere. Você já conquistou coisas mais difíceis, esta é relativamente fácil.

A CRIATURA — (*Satisfeita.*) Está bem. Que tipo de corpo possuía Ofélia?

EU – Como posso sabê-lo? Diga-me você. Quem era ela?
A CRIATURA – A filha de um cortesão.
EU – O que significa?
A CRIATURA – Ser bem educada, bem controlada, bem... alimentada?
EU – Não precisa se preocupar muito com o último aspecto, mas não se esqueça dos elementos históricos. Um corpo com o porte de uma criatura eleita, com o poder e a dignidade de alguém nascido para representar o melhor de sua espécie. Analise agora em pormenor a postura de sua cabeça, vá aos museus e pesquise os livros. Olhe os Van Dyck, olhe os Reynolds Na figura que você fez, seus braços e suas mãos pareciam naturais e seus gestos sinceros, mas eu poderia dizer-lhe de pronto que essas mãos jogam tênis, dirigem carro e, quando necessário, são capazes de fritar um bife maravilhoso. Estude as mãos de Botticelli, de Leonardo, de Rafael. Depois, o modo de você andar – quase masculino.
A CRIATURA – Bem, mas quadros não andam.
EU – Vá ver a procissão das freiras numa capela, na noite de Páscoa. Se precisar, veja tudo.
A CRIATURA – Eu sei. Mas como perceber tudo isso e incorporá-lo ao papel?
EU – De maneira muito simples. Estudando-o e tornando-o seu. Entrando em seu espírito. Estude as diferentes mãos. Compreenda sua fragilidade, sua maciez de flores, sua delgadeza, sua flexibilidade. Você pode controlar seus músculos. Apenas curve a palma de sua mão, ao comprido. Vê como ela fica mais estreita? Dois dias de exercício e nem pensará mais nisso, mas, quando o quiser, ela permanecerá assim o tempo que desejar. E quando, com uma mão assim, você apertar o coração, será um gesto diferente daquele que você fez há pouco. Será a mão de Ofélia agarrando o coração de Ofélia e não a mão da Senhorita Fulana de Tal apertando o coração da Senhorita Fulana de Tal.
A CRIATURA – Devo estudar e interpretar um único quadro ou posso usar diferentes quadros?

EU – Não apenas diferentes, mas também personalidades vivas, contemporâneas, no todo ou em parte. Você pode tomar de Botticelli uma cabeça, de Van Dyck uma postura, utilizar os braços de sua irmã e os pulsos de Angna Enters[1] (desta, não como bailarina, mas como pessoa). As nuvens impelidas pelo vento podem inspirar-lhe o andar. E tudo isto há de compor uma criatura compósita, assim como um tablóide compõe uma fotografia compósita de uma pessoa ou de um acontecimento, a partir de uma dúzia de fotos diferentes.

A CRIATURA – E quando se deve fazer isto?

EU – Como regra, nos últimos dois ou três dias de ensaio, exatamente no palco onde você se encontra agora. Não antes de estar bem firmada no papel e conhecer bem a sua estrutura. Mas há exceções. Alguns atores preferem começar pela caracterização. É mais difícil, só isso. E o resultado não é tão sutil, a escolha de elementos não é tão sábia como poderia ser se você seguisse o fio interno do papel, primeiramente. É como comprar uma roupa sem tirar as medidas.

A CRIATURA – Como é que se faz para tornar essas coisas aceitáveis à nossa própria natureza? Como é que se consegue misturá-las todas juntas? Como é que se procede para que cheguem a representar uma pessoa real, crível?

EU – Permita-me responder com outras perguntas. Como foi que adquiriu os seus bons modos? Como foi que aprendeu a comer com faca e garfo, a sentar-se direito, a manter as mãos quietas? Como foi que se acostumou o ano passado às saias curtas e este inverno, às saias compridas? Como é que você sabe caminhar de um jei-

---

1. Angna Enters (1907-?). Atriz mímica, pintora, escultora, autora dramática e cenógrafa norte-americana. Dedicou-se particularmente à arte pantomímica e suas *Composições em Forma de Dança* puseram em cena, em cento e cinqüenta esquetes, uma personagem diferente de cada vez, procurando captar a atmosfera de um dado ambiente histórico, numa abordagem marcadamente naturalista e alheia à estilização.

to no campo de golfe e de outro no salão de baile? Como foi que aprendeu a empregar a sua voz de uma forma em seu quarto e de outra no táxi? Todas estas e centenas de outras mudanças fazem com que você seja o que é, no que diz respeito à sua personalidade física. E para todas essas coisas você toma exemplos vivos da vida que a rodeia. O que eu lhe proponho é a mesma coisa, feita profissionalmente. Isto significa estudo organizado e a apropriação, através de prática intensiva, de todos os elementos que a tornarão, em seu papel, uma personalidade física única e distinta.

A CRIATURA — Foi por isso que me disse, logo no início de nossas conversas, que devo ter controle absoluto de cada músculo de meu corpo, de modo a tornar-se capaz de aprender rapidamente e lembrar-me de todas essas coisas?

EU — Exatamente! "Aprenda depressa e lembre-se de tudo", porque, para adquirir boas maneiras, você tem uma vida inteira, mas para criar o seu papel fisicamente, apenas uns poucos dias.

A CRIATURA — E no que se refere à mente?

EU — A caracterização da mente, como parte do papel no palco, é em grande medida uma questão de ritmo. O ritmo do pensamento, diria eu. Não diz respeito tanto à sua personagem, quanto ao autor da referida personagem, ao autor da peça.

A CRIATURA — Quer então dizer que Ofélia não deveria pensar?

EU — Não seria tão grosseiro assim, mas diria que Shakespeare realizou todo o trabalho de pensar por ela. É a sua mente em ação que você deve caracterizar ao representar Ofélia ou, neste particular, qualquer personagem shakespeariana. O mesmo se aplica a qualquer autor que pensa por sua própria cabeça.

A CRIATURA — Nunca me ocorreu isto. Sempre tentei pensar da forma como eu imaginava que a personagem pensaria.

EU — É um erro que comete quase todo ator. Exceto os gênios — que sabem melhor. A arma mais poderosa de um autor é a mente. A qualidade desta, sua rapidez, vivacidade, profundidade, brilho. Tudo isso conta, independentemente de estar escrevendo as palavras de Caliban ou as de Joana d'Arc ou as de Osvald[2]. O tolo de um bom escritor não é mais tolo que a mente de seu criador e um profeta não é mais sábio do que o homem que o concebeu. Você se lembra de *Romeu e Julieta*? A Senhora Capuleto diz a respeito de Julieta: "Ela ainda não tem quatorze anos". E depois, algumas páginas adiante, Julieta fala:

> Minha generosidade é ilimitada como o mar,
> Meu amor não é menos profundo; quanto mais te dou,
> Mais eu tenho a dor; pois ambos são infinitos.

Confúcio poderia tê-lo dito, ou Buda, ou São Francisco. Se você quiser representar o papel de Julieta de modo a caracterizar a sua mente como a de uma menina de quatorze anos, estará perdida. Se tentar fazê-la mais velha, arruinará a concepção teatral de Shakespeare, que é a de um gênio. Se tratar de explicá-la pela precoce maturidade da mulher italiana, pela sabedoria do Renascimento italiano e assim por diante, ver-se-á toda emaranhada em arqueologia e história, e perderá a inspiração. Tudo o que tem a fazer é apreender a caracterização da mente de Shakespeare e segui-la.

A CRIATURA — Como é que o senhor descreveria a mente de Shakespeare?

EU — Um espírito de uma rapidez como que de relâmpago. Altamente concentrado, autoritário, até em momentos de dúvida. Espontâneo, o primeiro pensamento é sempre o último. Direto e franco. Não me entenda mal, não estou tentando descrever ou explicar a mente de Shakespeare. Não há palavras que a descrevam. Tudo o que estou querendo fazer é dizer-lhe que seja qual for a personagem de Shakespeare que você encarne, sua

---

2. Personagens respectivamente de Shakespeare (Caliban, *A Tempestade*), de Shaw ou Schiller (Santa Joana ou *A Donzela de Orléans*) e de Ibsen (Osvald, *Espectros*).

mente (não a sua, mas a da personagem) precisa apresentar aquelas qualidades em sua manifestação. Você não precisa pensar como Shakespeare, porém a qualidade externa do pensamento tem de ser a dele. É como retratar um acrobata. Não é necessário que você saiba como ficar parada de ponta-cabeça, mas todos os movimentos de seu corpo devem transmitir a idéia de que você é capaz de efetuar saltos mortais sempre que desejar executá-los.

A CRIATURA – O senhor diria o mesmo se me coubesse interpretar uma peça de Bernard Shaw?

EU – Sim, diria precisamente a mesma coisa. Tanto mais no caso de Shaw. Seus camponeses, seus funcionários de escritórios e suas moças pensam como letrados, seus santos, reis e bispos como lunáticos e monstros. O modo de você retratar a personagem de Shaw seria incompleto a menos que a mente da referida personagem incorporasse em seus procedimentos contínuos ataque e defesa, contínua provocação à discussão, certa ou errada.

A CRIATURA – Uma espécie de mente irlandesa.

EU – É isso aí. Você explicou a coisa bem melhor do que eu.

A CRIATURA – Como o senhor aplica isso, na prática, a um papel?

EU – Como já lhe disse antes, trata-se sobretudo do ritmo ou da energia organizada de sua enunciação das palavras do autor. Depois de estudá-lo e ensaiá-lo por um certo tempo, compete-lhe conhecer como se movimentam os pensamentos do dramaturgo. Eles têm de afetá-la. Você precisa gostar deles. O ritmo deles precisa contaminá-la. Procure entender o autor. Do resto, você com o seu treinamento cuidarão.

A CRIATURA – Pode-se aplicar a mesma regra de caracterização às emoções de uma personagem?

EU – Oh, não! A emoção de uma personagem é a única esfera onde o autor deve atentar para as exigências do ator e ajustar seu texto à interpretação do ator. Ou, em outros termos, um ator pode justificadamente ajustar o texto do autor a fim de conseguir os melhores resultados para o seu próprio esboço emocional do papel.

A CRIATURA – Não diga isso em voz alta. Todos os autores se reunirão para matá-lo.

EU – Não os mais inteligentes. A emoção é o sopro de Deus insuflado num papel. Através da emoção, as personagens criadas pelo dramaturgo surgem vivas e pulsantes. O autor inteligente faz tudo para tornar essa parte de sua criação no teatro tão harmoniosa quanto possível, sem arruinar a idéia e o propósito de sua peça. Gilbert Emery[3] contou-me que retirou duas páginas e meia de *Tarnish* (*Deslustre*), numa grande cena entre Ann Harding[4] e Tom Powers. Ele o fez porque Ann Harding poderia levar a si mesma e o público às lágrimas de um modo bem mais convincente, limitando-se simplesmente a ouvir em silêncio, em vez de responder a cada fala de Powers com outra da mesma importância. Gilbert Emery preferiu, inteligentemente, a emoção da atriz às palavras que escrevera. Clemence Dane[5] me deu permissão para suprimir qualquer palavra supérflua em *Granito*, na representação cênica. Não, os autores não vão querer me assassinar. Eles sabem que você e eu, e todos os que são como nós, trabalham para eles no teatro.

A CRIATURA – Mas as emoções precisam ser caracterizadas de maneira tão clara quanto o corpo e a mente. Qual é o meio adequado para fazê-lo?

EU – Quando você já conseguiu dominar as linhas gerais das emoções humanas na personagem, como o fez na interpretação de Ofélia, quando já sabe por que e em que momento chegam a raiva ou a súplica, a tristeza, a alegria ou o desespero, ou o que quer que o caso re-

---

3. Dramaturgo norte-americano. Sua peça *Tarnish* data de 1923.

4. Ann Harding (1902-?). Atriz americana de teatro e cinema.

5. Clemence Dane (pseudônimo de Winifred Ashton, c. 1890-1965). Romancista, atriz, dramaturga e cenógrafa inglesa que escreveu peças de sucesso na época, entre as quais *Granito* (1926).

queira, quando tudo está claro para você, então comece a procurar uma qualidade fundamental: a liberdade de expressar suas emoções. Absoluta, ilimitada liberdade e naturalidade. Essa liberdade será a sua caracterização das emoções que estejam às mãos. Quando a estrutura interna de seu papel se achar bem preparada e construída, quando tiver dominado sua aparência externa, quando a manifestação do pensamento de sua personagem estiver em perfeito acordo com o modo de pensar do autor, fique atenta durante os ensaios para ver quando e onde suas emoções despontam e se inflamam. Procure saber as razões. Pode haver muitas. Os fundamentos em que você se apóia talvez não sejam fortes, você pode não estar entendendo a ação. Talvez você não esteja fisicamente à vontade, as palavras – sua quantidade ou qualidade – podem estar perturbando-a, o movimento talvez esteja distraindo-a, você pode estar com falta de meios de expressão. Descubra por si mesma a razão e elimine-a. Deixe que eu lhe dê um exemplo. Em que cena de Ofélia você se sentiu menos à vontade?

A CRIATURA – No terceiro ato, na cena da representação.

EU – Está bem. Qual é a ação aí?

A CRIATURA – Ser insultada.

EU – Está errado. É a de preservar a dignidade. Ofélia é filha de um dignitário da corte. O Príncipe da casa reinante está lhe dirigindo reparos inconvenientes em público. Ele é senhor da vida dela, tanto mais quanto ela o ama. Ele pode proceder como bem lhe apetecer. Porém, mesmo que lhe apeteça matá-la, Ofélia deverá morrer com a dignidade apropriada à sua condição. A principal ação que você precisa apresentar não consiste em cair em desmaio, nem mostrar fraqueza ou *exibir publicamente suas emoções mais íntimas*. Não se esqueça, a corte inteira observa Ofélia. Tome tudo isso em conta, agora, em sua ação. Será que é capaz de encontrá-lo facilmente dentro de si mesma?

A CRIATURA – Sim.

EU – Tudo o mais está bem? Sente-se à vontade em sua

cadeira? As palavras lhe acodem com facilidade à mente? Tem suficiente vitalidade para pensar com a audácia de Shakeaspeare?

A CRIATURA – Sim, sim. Tenho. Deixe-me mostrar.

(*De repente, às nossas costas, eleva-se uma voz. Uma voz velha e trêmula, mas exercitada e rica, a tremer com a expectativa de algo enorme, decisivo, meio ausente de seu próprio soar.*)

"Senhora, posso deitar em vosso regaço..."

(*Volto-me. O velho porteiro está de pé, atrás de nós.*)

A CRIATURA – (*Como um mar enregelado. Calma e terrível em sua rigidez.*) "Não, meu senhor."

O PORTEIRO – (*Ainda tenso com a expectativa, mas com um perceptível traço de tristeza e piedade para com a criatura amada.*) "Quero dizer, minha cabeça sobre vosso regaço."

A CRIATURA – (*Pensando: És meu senhor. Estás no teu direito.*) "Sim, meu senhor."

O PORTEIRO – (*A dor está por trás de sua voz, agora. Hamlet precisa prosseguir com sua loucura fingida. Precisa machucar alguém que ele não quer machucar, a fim de convencer os outros.*) "Pensais que eu me referia a coisas grosseiras?"

A CRIATURA – (*A apoteose da dignidade personificada: Se eu tiver de morrer, não hei de pensar nada, meu senhor.*) "Não penso nada, meu senhor."

(*Algumas falas a mais e a cena está terminada. Rápida, terrífica, tensa. Inteiramente certa. A Criatura salta de sua poltrona e se arremete ao longo da passagem.*)

A CRIATURA – Agora peguei a coisa, agora peguei! É tão simples. Nunca me pareceu tão fácil, antes. Não é nada, simplesmente nada.

O PORTEIRO – (*Com os velhos olhos tristes piscando para a jovem.*) Não é nada, minha cara, quando a gente sabe.

A CRIATURA – Oh, paizinho, o senhor esteve muito bem. Como é que sabia todas as falas?

O PORTEIRO – Representei com todos os grandes intérpretes nos últimos quarenta anos. Desempenhei quase todos os papéis em todas as grandes peças. Estudei todos eles, trabalhei duramente neles. Mas não tive tempo de me aperfeiçoar ou de refletir a respeito de todas as coisas que este cavalheiro lhe falou. Agora, quando tenho tempo de pensar, e eu mergulho nos anos que já se foram, me dou conta de meus enganos, de suas razões e das formas de fazer bem as coisas. Mas não há nada em que eu possa aplicá-las; procuro manter a minha porta fechada da melhor maneira possível. E quando vejo e ouço os jovens atores lutando para chegar ao ponto, fico sempre pensando... Oh, se a mocidade soubesse e a velhice pudesse, que mundo maravilhoso seria este. Gostei do que disse, senhor. Tudo certo, muito certo.

EU – Fico honrado com suas palavras, meu caro.

O PORTEIRO – Bem, agora, com o seu perdão, senhor, por favor peço-lhe que se retire. Está na hora do ensaio. (*E rematando, com um sorriso malicioso e sonhador que lhe cobre de rugas o velho rosto.*)

"Os atores já chegaram, meu senhor –
Os melhores atores do mundo..."

Quinta Lição

OBSERVAÇÃO

Estamos tomando chá, a Tia da Criatura, "que conheceu o Sr. Belasco pessoalmente", e eu. Aguardamos a Criatura que deverá chegar de um momento para o outro. O chá está excelente.

A TIA – Tanto interesse por minha sobrinha é algo encantador de sua parte. A menina está inteiramente absorvida pelo teatro. Especialmente agora que vem alcançando sucesso. Imagine só: está ganhando um ordenado fixo. Nunca pensei que isto fosse possível no teatro.

EU – É apenas a lei da oferta e da procura.

A TIA – Devo confessar que não compreendo o que ela quer do senhor agora. Ela é uma "profissional". Recebeu boa crítica. Tem um bom papel. O que mais pode pretender? Não que eu não sinta prazer de estar em sua companhia, sempre. E tenho certeza de que ela também. Ambas adoramos o teatro e a sua gente. O falecido Sr. Belasco – que homem encantador ele era! – disse-me certa vez, quando eu estava considerando a possibilidade de tomar parte em uma de suas encenações: "Madame, a senhora pertence às noites de estréia. Sua presença numa poltrona das primeiras filas é tão vital para o êxito da peça quanto o melhor desempenho de todos os meus atores". Foi tão inteligente de sua parte. O homem era um gênio. O senhor vai acreditar que nunca perdi uma noite de estréia de uma peça de sucesso?

EU – É muita bondade sua, Madame.

A TIA – De maneira alguma. Faço tudo para promover (*Ela quase canta a palavra... O chá está insuportavelmente quente.*) uma b-e-l-a peça da arte do teatro. Shakespeare... Noel Coward... E que ator Alexander Woollcott mostrou ser.

EU – Ele estudou com afinco, Madame.

A TIA – É fora de dúvida. E da maneira correta. Ele observou outros atores durante anos. Gravou seus truques. Depois procurou um papel e começou a desempenhá-lo. Pois bem, se ele apenas representasse e representasse todo dia tanto quanto pudesse, ele seria extraordinário.

(*Engulo o chá que, por alguma razão, se torna cada vez mais quente. Disponho-me a pedir outra xícara, quando entra a Criatura. Ele se detém no meio do recinto para nos olhar. Tem uma expressão de dúvida.*)

A CRIATURA – E posso perguntar-lhe a respeito do que vocês dois estavam falando?

A TIA – De teatro, minha querida, de um (*Ela canta de novo e gira os olhos.*) b-e-l-o teatro.

A CRIATURA – (*Com um ligeiro esgar de humor.*) Então espero que tenham concordado um com o outro.

EU – Estávamos a ponto de discordar quando você chegou. Sua Tia, minha querida, acabou de fazer a afirmação de que, para ser ator, é necessário apenas atuar, atuar e atuar. Estou certo?

A TIA – Sei que tenho razão. Não acredito em todas essas

teorias e relações, **análises psicológicas e exercícios entontecedores** de que minha sobrinha me falou. O senhor irá me desculpar; mas sou uma pessoa direta e franca. E adoro o teatro. Porém minha teoria é que, para ser ator, é preciso atuar. Atue, pois, enquanto puder – enquanto valer a pena. Quando não valer mais – pare de atuar. É isso. Se alguém tem talento, como esta menina aí...

A CRIATURA – Titia...

A TIA – Tudo bem, minha querida. O talento requer promoção como tudo o mais. Se há talento, o retorno há de durar muito tempo.

EU – Fico contente, Madame, que dê ao talento tanto destaque. Mas, se me permite perguntar, não lhe parece que o talento requer cultivo e que só cultivando-o poder-se-á descobrir a sua presença?

A CRIATURA – (*Apanhando meu pensamento, argumenta calorosamente.*) Titia, querida, é exatamente como uma maçã silvestre e outra cultivada. Ambas são maçãs, mas uma é verde, dura e ácida, e a outra, rubra, macia, doce e perfumada.

A TIA – Argumentar com comparações poéticas não é justo, minha querida. Uma maçã é uma coisa...

EU – (*Continuando rapidamente.*) E talento outra. Tem toda razão. Não comparemos. Vamos ter um chá agradável. Posso pedir mais uma xícara? Muito obrigado. (*Recebo uma xícara cheia de um chá delicioso, com creme e açúcar, então prossigo.*) Permita-me perguntar-lhe, Madame, se já ouviu falar de um novo e divertido jogo que se joga muito nos jardins de infância alemães, chamado *Achtungspiele* (*Jogos de Atenção*)?

A TIA – Não, o que é isso?

EU – Um jogo muito simples. A professora pede às crianças que contem momentos de suas atividades, coisas que tenham feito hoje, ontem ou há dias atrás. O propósito é desenvolver a memória do aluno, analisar as suas ações e aguçar o seu senso de observação. Às vezes é permitido à criança efetuar a sua própria escolha e depois a professora tira a sua conclusão sobre qual a direção do interesse do aluno, e pode em seguida incentivá-lo ou advertir os pais e outros professores a seu respeito. Por exemplo, a criança que optar por lembrar-se de como destruiu um ninho de passarinho não é punida, mas torna-se objeto de um esforço a fim de deslocar o seu interesse para outra esfera.

A TIA — (*Fria como gelo.*) Muito interessante.

EU — Oh, é duas vezes mais interessante quando é experimentado com adultos. Interessante porque mostra quão pouco, nós adultos, utilizamos um maravilhoso dom natural, a capacidade de observação. Poderá acreditar que pouquíssimas pessoas conseguem lembrar o que fizeram nas últimas vinte e quatro horas?

A TIA — Incrível. Sou capaz de dizer-lhe exatamente o que fiz nos últimos vinte e quatro anos.

EU — Oh, sim, a senhora pode me *dizer*, estou seguro. Contudo o jogo não consiste em dizer, mas em representar silenciosamente, em reexecutar. O silêncio ajuda a concentrar-se e a exprimir emoções ocultas.

A TIA — Eu poderia fazê-lo em silêncio, se quisesse. Não estou certa, porém, de que desejaria fazê-lo. Eu sou uma pessoa direta e franca.

EU — Por que não tentar? Trata-se apenas de uma brincadeira infantil. Está disposta?

A TIA — Oh, sim, tentarei qualquer coisa.

EU — Esplêndido. Todos nós vamos tentar. Vamos começar por algo fácil. Por exemplo... por exemplo, posso pedir-lhe que refaça o processo de me servir aquela deliciosa xícara de chá que recebi de suas mãos, há um minuto atrás...

A TIA — Que ridículo. (*Ela ri cordialmente.*) Uma idéia bastante cômica. O senhor quer realmente me ver de volta ao jardim de infância.

EU — De modo algum, Madame. É apenas um jogo. O próximo a ser posto à prova serei eu ou a sua talentosa sobrinha.

A CRIATURA — Ó, por favor, titia, estou curiosa.

A TIA — Muito bem. A tarde não oferece muita coisa, de qualquer maneira. Agora, prestem atenção. (*Ela come-*

ça como uma sacerdotisa-mor ou uma bruxa de Macbeth, arregaçando as mangas quase até o fim.) Aqui está a xícara... (*Interrompo-a.*)

EU — Silenciosamente, por favor. Nada de palavras, somente ações.

A TIA — Ó, sim, esqueci. O mistério do silêncio. (*A velha senhora é sarcástica. Mas havia se decidido e iria mostrar-nos. Ela começa. A fronte enrugada, os pensamentos trabalham. Pega uma xícara com a mão direita e alcança o bule de chá com a esquerda. Percebe o engano e exclama candidamente:*) Ó, meu Deus! (*Põe a xícara de volta ao lugar, apanha o bule com a direita e segura-o suspenso no ar. Eu murmuro entre dois goles de chá...*)

EU — Não mexa em nada, por favor. Limite-se a realizar as ações...

A TIA — É exatamente o que estou fazendo.

EU — Então tenha a bondade de pôr o bule sobre a mesa.

A TIA — Oh!, sim. (*Ela o deposita e fica com as duas mãos sobre a mesa. Retira-as bruscamente e, com uma velocidade enlouquecedora, indica os movimentos necessários para pegar a xícara e enchê-la de chá. Depois, sem depor o bule, adiciona creme e limão imaginários, fingindo tirá-los dos respectivos recipientes, e oferece-me a xícara pela asa, esquecendo-se obviamente do pires e do açúcar. A Criatura explode num riso incontido e, lançando os braços em torno do pescoço da tia, beija-a repetidas vezes. Termino de tomar minha xícara de chá.*)

A TIA — Tudo isso não passa de uma bobagem, é só.

EU — Não, Madame. É apenas um dom de observação não cultivado. Permite que sua sobrinha refaça as *suas* ações do mesmo acontecimento? E como bem sabe, ela não poderia prever que eu escolheria este em particular. Assim sendo, ela terá de fazer o melhor possível, sem estar preparada. Por favor.

A CRIATURA — Posso dizê-lo? Fiquei tão emocionada, ao ver o senhor e minha tia dando-se tão bem, que possivelmente não consegui manter-me em silêncio.

EU — Sim, pode dizê-lo, já que se trata da ação de outra pessoa. Se fosse a sua própria, eu insistiria para que a executasse em silêncio. O dom da observação deve ser cultivado em todas as partes de seu corpo, não apenas na vista e na memória.

A CRIATURA – Tia, quando B. lhe pediu uma xícara de chá, ele lhe sorriu. Depois a senhora olhou para o bule, como se tentasse certificar-se de que havia mais chá, em seguida olhou para mim e tornou a sorrir, como que dizendo: "Ele não é um encanto?"

A TIA – (*Protesta em alta voz.*) Eu não fiz isso.

EU – Fez sim, Madame. Lembro-me bem. Foi o único encorajamento que me veio de sua parte.

A CRIATURA – Então olhou de novo para B., como se estivesse esperando que ele lhe passasse a xícara. Mas ele não o fez.

EU – Sinto muito.

A CRIATURA – Depois a senhora segurou a sua larga manga direita com a mão esquerda e esticou o braço para a bandeja a fim de pegar uma nova xícara. Apanhou-a, suspendendo-a sobre o pires e a colocou diante de si. Aí, ainda segurando a manga, pegou o bule. Estava bastante pesado, de modo que o depôs e procurou um apoio mais firme na asa. Ergueu-o sobre a xícara, largou a manga, apanhou o coador, alçando-o sobre a xícara. Então, segurando a tampa do bule com os dedos da mão esquerda, começou a verter o chá. A tampa estava quente e a senhora mudou os dedos seguidamente. Quando três quartos da xícara estavam cheios, a senhora pousou o bule perto de si e tornou a sorrir, desta vez para ninguém em particular. Depois verteu creme com a direita e deixou cair na xícara dois torrões de açúcar, segurando a pinça com a mão esquerda. Passou a xícara a B. e pôs a pinça num pratinho com limão, exatamente lá onde se pode vê-la agora.

A TIA – (*Seriamente ofendida.*) Seria de pensar que você estava no teatro, você deve ter-me estudado.

EU – Não. Por favor, não se aborreça. Asseguro-lhe que não houve premeditação. (*Volto-me para a Criatura.*) Esqueceu de mencionar que sua tia não conseguiu encontrar o creme logo e que, por uma fração de segundo, o procurou por toda a mesa.

A CRIATURA — Sim, o senhor estava brincando com o seu guardanapo o tempo todo.

A TIA — (*Ri de todo o coração. Sabe perder, no fim de contas.*) De modo que o senhor tampouco escapou da inspeção.

EU — Nem sequer procurei, Madame. Eu estava olhando a sua sobrinha exercer o seu dom de observação.

A TIA — E o senhor ensinou a ela esse jogo pueril só para observar suas artes.

EU — Madame, eu nada ensinei a ela. Ambos trabalhamos no teatro. E o teatro é um lugar onde ensinar e pregar estão absolutamente excluídos. A prática é a única coisa que conta, somente a prática.

A TIA — Exatamente o que eu disse. Represente, represente e represente, e acabará sendo ator.

EU — Não. Representar é o resultado final de um longo processo, Madame. É praticar tudo o que precede o resultado e a ele conduz. Quando se representa, já é tarde demais.

A TIA — (*Causticamente.*) E o que tem a ver, se me permite perguntar, o dom da observação com o ato de representar, por favor?

EU — Muita coisa. Ajuda o estudante de teatro a perceber tudo o que é inusitado e está fora do padrão comum do cotidiano. Edifica a sua memória, a memória de armazenamento, com todas as manifestações visíveis do espírito humano. Torna-o sensível à sinceridade e ao fingimento. Desenvolve sua memória sensorial e muscular, e facilita seu ajustamento a qualquer trabalho que dele se requeira para interpretar um papel. Abre seus olhos em toda a extensão para a apreciação de diferentes personalidades e valores nas pessoas e nas obras de arte. E finalmente, Madame, enriquece sua vida interior pelo pleno e intenso consumo de todas as coisas na vida exterior. Produz o mesmo efeito que uma banana e um punhado de arroz produzem, como alimentação diária, sobre um seguidor hindu da ioga. Consumida corretamente, obtendo o máximo de energia daquela miserável quantidade de vitaminas, tal comida fornece ao hindu incomensurável energia, poder espiritual e vitalidade. Nós comemos um bife no almoço e imaginamos, na hora do jantar, que estamos com fome. Passamos assim a vida inteira, sempre da mesma maneira. Pensamos que vemos tudo e não assimilamos nada. Mas no teatro, onde temos que recriar a vida, não podemos nos permitir isso. Somos obrigados a perceber o material com que trabalhamos.

A TIA — Assim, o senhor recomenda à minha sobrinha que observe como a tia dela serve uma xícara de chá e depois ambos se põem a rir de mim. (*Noto uma piscadela em seus olhos; ela sabe jogar o jogo.*)

A CRIATURA — Oh!, tia, querida, de forma alguma. Ele estava apenas gracejando.

A TIA — Reconheço, na hora, quando é um gracejo. Ele está danado de sério, e eu também.

EU — Não, a senhora não está. Do contrário, eu não poderia ler em seus olhos o convite para continuar. Está se divertindo. Fico contente com isso. Não posso ensiná-la, mas me esforçarei para diverti-la. O seu dom de observação fará o resto.

A TIA — (*Graciosamente.*) Se deseja outra xícara de chá, sirva-se o senhor mesmo.

EU — Muito obrigado. (*Assim procedo, enquanto a Tia me espreita com olhos de falcão. Quando termino de me servir...*) Madame, noto que, pela primeira vez, me concedeu plena atenção. Farei uso do fato. A senhora adora teatro. Nós, sua sobrinha e eu, trabalhamos para o teatro e no teatro. Quando a senhora vai a uma noite de estréia, sai para fazer compras e escolhe o vestido mais apropriado para a ocasião. Nós, de nossa parte, também fazemos compras apropriadas para cada noite que passamos no teatro. Para nós, todas as noites são de estréia. Todas elas exigem de nós o melhor de nós mesmos. O ator que estiver com o seu dom de observação embotado e inativo aparecerá em vestimenta puída numa noite de gala. Como regra, acredito que a inspiração é o resultado de trabalho árduo, mas a única coisa capaz de estimular a inspiração no ator é a observação aguda e constante a cada dia de sua vida.

A TIA – Quer dizer então que os grandes atores passam a vida espionando todos os conhecidos, parentes e transeuntes?

EU – Temo que assim seja, Madame. Além do mais, espionam-se a si próprios, também.

A CRIATURA – Se não fosse assim, como seria possível sabermos o que podemos e o que não podemos fazer?

A TIA – Estamos falando de *grandes* atores, minha filha.

A CRIATURA – Oh!, coitada de mim, coitada de mim! Que golpe! (*Faz beiço, com ar engraçado.*) Titia, a senhora já deixou de me promover?

A TIA – Você é uma criatura estragada.

EU – Ela é uma criatura maravilhosa. Permita-me promovê-la um pouco. Não vou exagerar na dose. Direi apenas à senhora como nós dois desenvolvemos e efetuamos importantes observações em nosso mister. Sua sobrinha teve o papel da jovem cega em *O Grilo na Lareira*. Ela o ensaiou bem, mas ninguém chegava jamais a crer que ela era cega! Ela veio me ver e fomos os dois procurar um cego de verdade. Descobrimos um em Bowery. Estava sentado num canto. Não se moveu dali durante quatro horas. Ficamos esperando que saísse do lugar, porque queríamos vê-lo andando e encontrando o seu caminho. Pedir-lhe que o fizesse não seria bom. Haveria de sentir-se constrangido. Por amor à arte, expusemo-nos à fome, à pneumonia (fazia um friozinho danado) e à perda de tempo.

Finalmente, o mendigo levantou-se e foi para casa. Nós o seguimos até lá, levou mais de uma hora, demos-lhe um dólar pelo serviço involuntário que nos prestou e fomos embora extremamente enriquecidos em experiência. Mas o preço, mesmo sem contar o dólar, foi demasiado grande. No teatro, não se pode gastar quatro horas à espreita de mendigos. É preciso recolher e armazenar experiências para todas as emergências a todo momento. É preciso começar desde o início a...

A CRIATURA — Decidi seguir um plano, Titia, e B. aprovou a minha idéia.

EU — Exatamente. Vá em frente e conte-lhe o plano, é a sua contribuição.

A CRIATURA — Decidi que durante três meses, das doze à uma, todos os dias, onde quer que eu viesse a estar e não importa o que eu estivesse fazendo, ficaria observando tudo e todos à minha volta. E de uma às duas, minha hora de almoço, me poria a recordar as observações do dia anterior. Se, por acaso, estivesse a sós, representaria, como as crianças alemãs, minhas próprias ações passadas. Não tenho feito mais isso, a não ser ocasionalmente, mas em três meses eu me tornei tão rica em experiências quanto Creso em ouro. A princípio tentei anotá-las, mas agora nem isto preciso fazer. Tudo se registra automaticamente em algum lugar de meu cérebro e, graças à prática de recordar e representar, estou dez vezes mais alerta do que jamais estive. E a vida é tanto mais maravilhosa. Não imagina como ela é rica e como é maravilhosa.

A TIA — Você deveria mudar de carreira, minha filha. Deveria tornar-se detetive.

EU — Madame, cada peça montada e cada papel desempenhado não será uma descoberta de valores e tesouros ocultos? O desvelamento de virtudes e vícios, o controle de paixões? A quarta parede removida de um aposento? Um campo de batalha exposto? O túmulo do "Pobre Yorick" escavado?

A TIA — Bem, bem, bem. (*Não de todo convencida.*) Ainda assim, de algum modo, não me soa como algo real. É muito teórico. Livresco. A meu ver, a maneira como o teatro se apresenta, e todas as outras artes nesta questão, deve ser natural. Nós não fazemos essas coisas na vida.

EU — Perdoe-me, deixemos de lado o assunto. Sua sobrinha me disse que sua irmã acaba de regressar do estrangeiro. Pareceu-lhe descansada, de bom aspecto, quando a recebeu no cais?

A TIA – Oh!, sim, muito obrigada. Ela parecia bem descansada, mas quanto ao seu aspecto!... Essa mulher será a minha morte. É a campeã das mulheres mal vestidas de Nova York. Imagine só: usava um chapéu Eugenie bege com uma desenxabida pluma malva. E um cinto de cetim púrpura salpicado de prata. Com pequenos broches de marcassita lisa no lado. Estava com uma roupa de viagem, de belbutina quadriculada – quadrados miúdos, primeiro uma linha marrom, depois uma verde, a seguir uma cor de púrpura, com um fundo cor de café fosco...

EU – (*Interrompendo-a rudemente.*) Madame, o que acabou de dizer denota um dom de observação, cultivado e utilizado de modo inteiramente natural na vida real. No teatro fazemos a mesma coisa, tornando o nosso círculo de observação tão largo quanto possível. Usamos tudo, e todos, como objeto, com a única diferença de que nunca falamos a seu respeito, nós o representamos.

A TIA – (*Suspira suavemente e muda de assunto, passando a conversar sobre o Horse Show no Madison Square Garden. Terminamos o chá em paz e em mútuo acordo. A Criatura mantém-se em silêncio e pensativa.*)

Sexta Lição

RITMO

A Criatura coloca a questão sem maiores rodeios.

A CRIATURA — Se alimenta algum anseio de beleza, venha comigo e há de vê-lo.

EU — O único momento em que me permito ter um anseio de beleza é entre as sete e as oito da manhã...

A CRIATURA — (*Num tom ainda mais direto.*) Estarei à sua porta amanhã cedo, às sete e um quarto.

Às oito menos vinte de hoje, a Criatura e eu já nos encontrávamos no topo do Empire State Building. Lá embaixo, inúmeros braços de pedra tentam desesperadamente alcançar o céu. Na distância, o mesmo firmamento desce suavemente em direção aos verdes campos e um mar perlado, mas não parece envidar esforços para alcançá-lo. A Criatura e eu estamos entretidos em silêncio. Passado algum tempo, sentamo-nos.

EU – Estou-lhe por certo muito agradecido.

A CRIATURA – Eu sabia que havia de gostar disto... (*De repente, em voz muito matreira.*) E eu sabia que o senhor iria explicar isso para mim. O senhor terá de explicá-lo para si mesmo, de qualquer modo; quer dizer, caso esteja registrando "tudo isso" emocionalmente da mesma maneira que eu estou fazendo.

EU – Suponha que eu não seja capaz de explicá-lo? E suponha que eu registre "tudo isto" emocionalmente de maneira inteiramente diferente da sua?

A CRIATURA – Acontecerá exatamente aquilo que espero.

EU – Posso perguntar-lhe por quê?

A CRIATURA – Pode, sim. Primeiro, porque se o senhor não consegue explicar uma coisa, sempre se apóia em mim na procura de auxílio, prova ou clarificação. Eu sou a sua "Amostra A". Isto faz com que eu me sinta importante e inteligente. Um sentimento maravilhoso, quase como o de receber uma carta de um fã. Creio que serei capaz de ajudá-lo... desta vez como de costume. (*Percebo em seu olhar uma ponta de orgulho e gratidão. Bem escondido, no entanto, por trás de um desafio juvenil.*) Segundo, porque se o senhor sente alguma coisa de um modo diferente, mergulharemos numa discussão... e tenho para mim que o senhor sempre tira proveito de meus argumentos. Na realidade, não consigo imaginar o que o senhor faria sem os meus argumentos. (*Ela deve sentir-se muito feliz. Hoje, ela está positivamente desafiadora.*)

EU – Provavelmente eu mesmo inventaria argumentos.

A CRIATURA – Trata-se de um procedimento extremamente difícil e perigoso. Talvez não fosse capaz de inventá-los e, mesmo que o fizesse, poderiam não ser reais e convincentes. É apenas humano estar prevenido contra os próprios argumentos.

EU – É apenas humano também estar prevenido em relação aos argumentos usados contra nós.

A CRIATURA – Sim, mas esta espécie de prevenção é um incentivo para a nossa própria força e as nossas convicções. Não é?

Eu – Na vida, sim. Na arte, a resposta mais direta e mais prática também é sim – especialmente no teatro.

A Criatura – Isso porque no palco, a resistência e o conflito de ações constituem o elemento essencial de sua vida?

Eu – Precisamente. Suponha que, no primeiro ato de *O Mercador de Veneza*, Antônio deva pagar o dinheiro pontualmente, mudar de religião e pedir a mão de Jéssica... Não ria. Falo seriamente. O exemplo é exagerado. Aqui tem um legítimo:

> Como informam contra mim todas as ocorrências,
> E esporeiam minha torpe vingança!
> ... Justamente para ser grande
> É não irritar-se sem grande argumento,
> Mas encontrar grande porfia numa palha,
> Quando a honra está em jogo.

Que é *Hamlet* – Quarto Ato, Cena Quatro. Em todo o Shakespeare, você pode achar essas maravilhosas marcas para o ator. Elas estão sabiamente escondidas no texto das peças e não expostas em uma multidão de indicações jactanciosas. Nestes versos – os primeiros que me acodem à mente – você tem uma advertência das mais diretas: Não há ação sem conflito.

A Criatura – E este estímulo da ação é o único segredo de uma peça ou de um desempenho bem-sucedidos?

Eu – Oh, não. É apenas um começo teórico. Um abecê, por assim dizer. No teatro, eu o chamo de "Sr. O Quê?" – uma personalidade morta sem o seu companheiro "Como". Só quando o "Como" aparece no palco é que as coisas começam a acontecer. O conflito de ações pode ser *apresentado* em cena e permanecer ali petrificado esperando uma resposta à pergunta: "O que é o tema da peça?" Neste caso não é teatro. Mas o mesmo conflito pode ser *criado* com inesperada espontaneidade, com impulso não-calculado e ele mergulhará o auditório em um estado febril de partidarismo em favor de um ou de outro lado. Ele forçará os espectadores a achar sua própria resposta viva e emocionada. Isto será teatro. E o segredo não é a pergunta "O que é o tema da peça?", mas a afirmação "Eis como o tema persevera ou não através de todos os obstáculos".

A Criatura — O senhor está falando, naturalmente, sobre o que sucede no próprio espetáculo quando menciona a "inesperada espontaneidade e o impulso não-calculado". O senhor não está se referindo ao que ocorre durante a preparação da peça e os trabalhos de ensaio. Pois sempre me declarou que a inspiração e a espontaneidade são resultado do cálculo e da prática.

Eu — Continuo propenso a crer que assim é. De fato, estou falando do próprio espetáculo.

A Criatura — Muito bem. Agora quero que me dê uma explicação. Por que estamos não sei há quanto tempo, aqui, no topo do Empire State Building, silenciosos, atordoados, alvoroçados e animados? A vista daqui de cima é notável, mas não inesperada. Eu a conhecia antes de vê-la na realidade — de centenas de fotos e documentos. Voei sobre Manhattan de avião; além disso, vivo num prédio de apartamentos de vinte e seis andares. Eu já vi isto antes. Por que então a impressão é tão grandiosa?

Eu — Porque esse extraordinário "Como" pôs um dedo no assunto.

A Criatura — O senhor parece estar muito entusiasmado com este seu "Como". Ficarei com ciúmes.

Eu — Pode ficar de fato. Deixe-me mostrar-lhe quais são os modos e os meios do "Como" em oposição aos do "O Quê". O "O Quê" levá-la-ia do nível da rua desta fervilhante, estridente e discutidora cidade de Nova York ao primeiro andar do Empire State Building. Abrir-lhe-ia a janela e lhe diria: "Este, minha filha, é o primeiro dos cento e dois andares deste edifício. Como vê, a diferença entre o nível comumente conhecido como o da rua e o primeiro andar é tênue. Exatamente vinte pés. Você ouve os mesmos barulhos. Você vê quase o mesmo panorama. Você não sente grande separação da massa serpejante de criaturas humanas que se move lá embaixo. Vamos ao segundo andar".

A Criatura — (*Horrorizada.*) O quê?

EU – "Ao segundo andar, minha filha", é a resposta do "O Quê", e dito e feito. Você *está* no segundo andar. Segue-se uma ligeira mudança na análise da altura e da diferença do panorama. Então "O Quê", com explicações apropriadas, a conduz ao terceiro andar, ao quarto e assim por diante, até você atingir o centésimo segundo...

A CRIATURA – Oh, não. Peço-lhe que me perdoe. Ele não me leva ao quarto andar e assim por diante.

EU – "O Quê" é muito persistente, asseguro-lhe.

A CRIATURA – Não importa. No terceiro andar, exatamente, eu o pego delicadamente pelo pescoço e o empurro pelo peitoril da janela para o nível "comumente conhecido como o da rua". Cortina.

EU – Mas suponha que o acompanhou por todos os cento e dois andares? Você pode imaginar a emoção que sentirá então, em face desse esplendor?

A CRIATURA – Presumo que não haveria esplendor nenhum.

EU – Por quê? Onde residiria a diferença? Tentemos descobri-la. Você subiria cada degrau logicamente. Entenderia onde se encontra e a que altura. Perceberia a mudança gradual. Estaria, na realidade, inteiramente ciente de cada detalhe desta notável estrutura. Por que acha que não haveria emoção alguma?

A CRIATURA – Realmente não sei, mas detesto a própria idéia de algo assim.

EU – Posso pedir ao "Como" que nos traga até aqui?

A CRIATURA – Por favor.

EU – Somos conduzidos pela rua, com o fluxo das pessoas. A cidade precipita-se para o trabalho. Não, mais do que isso. Dispara em tropel rumo aos abrigos da existência, aos locais dos seus "empregos". "Empregos" que darão – a cada um na cidade – pão, um teto, esperança durante o dia, sono tranqüilo durante a noite. Estas coisas lhes parecem tão preciosas como as pérolas negras ao mergulhador. Todo o mundo tem medo de chegar tarde, de perder o seu trabalho. Tensão terrível nos passos, nos gestos, nas faces e nas palavras.

Ninguém pode parar por um segundo sequer e comparar a sua própria velocidade frenética com a velocidade serena do sol ou do vento ou do mar. Para dar coragem a si mesmo, é preciso gritar e berrar e rir estrepitosa e falsamente.

Como se não bastasse semelhante manifestação, todos os meios concebíveis de produzir som fustigam os ouvidos da gente. Perfuratrizes, buzinas, rangidos de engrenagens e agudos guinchos de freios, apitos, gongos e sirenes, tudo parece berrar num ritmo constante: "Ao trabalho – imediatamente. Ao trabalho – já". É como um compasso de dois por quatro em música, repetido incessantemente, com um volume sempre crescente. Nós somos parte desse ritmo. Caminhamos mais depressa. Respiramos mais depressa. Qualquer palavra que você me diz, chispa como sinais de rádio. Eu lhe respondo com rapidez. Finalmente chegamos à porta do Empire State Building e começamos a forçar caminho. É tão difícil nos arrancarmos das correntes estuantes de braços, pernas e rostos, e entrar. Custa muito esforço, mas nós o conseguimos.

Num instante nos encontramos dentro de um elevador, cortados do mundo lá fora como que por uma faca. Eu poderia comparar esse sentimento com o *forte fortissimo* de uma orquestra, cortado pela mão de mestre de um regente, para ser retomado pelo terno *sustenuto* de violinos. Não sabemos quanto tempo vai demorar. Estamos sozinhos. Somos projetados através do espaço. Mudamos de elevadores. Somos projetados de novo. O "tiro" para cima daqueles cento e dois andares parece demorar dois piscares de olhos. Quase dois segundos em silêncio, em repouso. A porta se abre. Aqui estamos nós, suspensos no céu pelo gênio do homem, separados da terra pelo produto de seu labor.

Para onde quer que nos volvamos, o espaço flui, convidando à vista e ao pensamento. Não somos forçados a aceitar qualquer diretiva, qualquer ordem, quaisquer limites. Somos arrancados dos compassos do *Prelúdio* de Scriabin, em cinqüenta e oito tempos, com suas torturantes tentações, e atirados de súbito num largo e ondulante tapete mágico, para flutuarmos no ar, no ritmo de um vento constante que parece entoar, em intervalos regulares, uma só palavra: "Espaço". Nosso espírito é erguido num "tiro" para cima, do tormento à ventura.

A CRIATURA – E o "Como" é responsável por esse "tiro" para cima em dois piscares de olhos, que parece capaz de produzir um resultado tão extraordinário.

EU – Não se sente agradecida? Não percebe a importância do "Como"?

A CRIATURA – Sim. (*Pensativa e em voz lenta.*) Importância para quê?

EU – Para a nossa profissão.

A CRIATURA – Está falando seriamente?

EU – Tão seriamente como se estivesse contando uma piada.

A CRIATURA – Como vou saber? Talvez esteja. Afinal de contas, o "Como"... Mas isto é ridículo.

EU – Quer um nome erudito, muito usado e abusado, para o "Como"?

A CRIATURA – Ficaria encantada.

EU – *Ritmo*!

A CRIATURA – (*Com o seu jeito costumeiro e encantadoramente engraçado.*) Já ouvi este nome em algum lugar, mas nunca tive o prazer de conhecê-lo.

EU – Nem eu. Jacques Dalcroze[1] falou-me muita coisa acerca do Ritmo na Música e na Dança, duas artes em que é um elemento essencial e vital. Encontrei um livro sobre Ritmo na Arquitetura; não está traduzido para o inglês. Eis os dois únicos guias confiáveis e práticos que

---

1. Émile Jacques Dalcroze (1865-1950). Um dos renovadores da expressão corporal e da dança. Com A. Appia, fundou um instituto em Hallerau onde ensinou e difundiu a Eurritmia, que pretende encontrar na ginástica e no ritmo os princípios básicos do equilíbrio físico, mental e moral. A tradução da música em movimentos corporais foi um de seus instrumentos preferenciais de sensibilização rítmica. As lições de Dalcroze exerceram forte impacto não só na dança, como no teatro.

tive para chegar a esse grande elemento de toda e qualquer arte. Os críticos ocasionalmente mencionam o ritmo na pintura e na escultura, mas nunca ouvi alguém que o explicasse. No teatro é substituído pelo termo mecânico "Tempo", que nada tem a ver com ritmo. Se Shakespeare houvesse distribuído papéis aos dois, teria escrito:

Ritmo – o Príncipe das Artes.
Tempo – seu Irmão bastardo.

A CRIATURA – Esplêndido! Agora quero saber tudo a respeito de ambos.

EU – Jamais acreditaria se eu enumerasse as incontáveis horas que passei tentando definir o Ritmo, de modo a ser aplicado a todas as artes.

A CRIATURA – E foi bem-sucedido?

EU – Ainda não. Minha maior aproximação foi a de se tratar de *mudanças mensuráveis, ordenadas de todos os diferentes elementos compreendidos em uma obra de arte – contanto que todas essas mudanças estimulem progressivamente a atenção do espectador e conduzam invariavelmente ao objetivo final do artista.*

A CRIATURA – Isto soa como algo metódico.

EU – Porque é apenas o começo de um pensamento. Não pretendo que seja uma definição final. Peço-lhe que reflita a respeito da questão e tente descobrir outra melhor. Proponha o caso a seus amigos. Ficarei grato se a obtiverem. Todos nós ficaremos. Entrementes, gostaria que atacasse a minha formulação. Você me daria a oportunidade de defendê-la.

A CRIATURA – Está bem. O senhor disse primeiro "mensuráveis", mas suponha que eu esteja criando o "Caos"? Como poderá ser ele mensurável e ordenado?

EU – Você esqueceu a palavra "mudanças". A sua obra de arte, "Caos", se for obra de arte, há de consistir de um certo número de ações conflitantes. Elas poderão ser tão desordenadas quanto lhes permitir o gênio do autor. Mas as "mudanças" de umas para outras terão que ser necessariamente ordenadas. E é exatamente o que só o gênio pode torná-las. Se você se lembrar dos afrescos de Michelangelo no teto da Capela Sistina, recordar-se-á que, olhando-os do chão para o alto, eles dão perfeita impressão de "Caos", protótipo da criação. Pegue uma reprodução de tais afrescos, estenda-a à sua frente sobre a mesa. Uma só olhada será suficiente para convencê-la de que é o "Caos" composto das mais "ordenadas e mensuráveis" mudanças de todos os elementos nele envolvidos.

A CRIATURA – Eu me lembro, sim. O senhor tem razão. Mas serei escrupulosa. O que pretende dizer com essas "mudanças"? Flutuações?

EU – Não, não me refiro a flutuações. Mas precisamente a mudanças. Talvez eu consiga me explicar de maneira mais clara por outro exemplo. Recorda-se de *A Última Ceia* de Leonardo?

A CRIATURA – Sim, recordo-me. Muito bem, na verdade. Eu estudei o movimento de todas as mãos que lá aparecem. Eu os conhecia de cor e poderia usá-los livre e naturalmente.

EU – Então, muito bem. O elemento aqui é *a mão*. Ela muda de posição vinte e seis vezes. Vinte e três de forma visível e três invisivelmente. Se você conhecesse todas as posições de cor e pudesse passar livremente de uma a outra, construindo sua significação a partir de cada mudança, obteria o Ritmo desta obra-prima em particular.

A CRIATURA – Mas não foi exatamente isso que Isadora Duncan fez e que Angna Enters está fazendo agora?

EU – De fato.

A CRIATURA – Compreendo. Uma pergunta mais. Na tela de *A Última Ceia* as mãos mudam, mas ao mesmo tempo estão paradas. Como pode aplicar-lhes a palavra Ritmo? Acaso Ritmo não se aplica ao movimento?

EU – Não há limitação. Uma geleira desloca-se duas polegadas a cada século; uma andorinha voa duas milhas a cada minuto – no entanto, ambas têm Ritmo. Amplie a idéia, indo de uma geleira a uma imobilização teórica e de uma andorinha a uma teórica velocidade da luz. O

Ritmo estará aí incluído e arrastará todas elas para dentro de sua esfera. Existir é ter Ritmo.

A Criatura — E o que diz de seus "elementos"?

Eu — É simples. Tom, movimento, forma, palavra, ação, cor, toda e qualquer coisa de que a obra de arte pode ser feita.

A Criatura — Como aplicaria o senhor as "ordenadas e mensuráveis mudanças" às cores de uma tela?

Eu — Tome, *O Menino Azul* de Gainsborough, por exemplo. A cor dominante é azul. Ela varia um infinito número de vezes. A cada vez a mudança é nítida e quase imperceptível. É ordenada. Inúmeros copiadores tentaram medir a quantidade de indigo a cada variação. Em geral falham em seu intento, mas isso não significa, que se trata de algo imensurável, já que foi feito uma vez.

A Criatura — Continue com o mesmo exemplo. Como é que a mudança nos azuis "estimula progressivamente a atenção do espectador"?

Eu — Simplesmente levando a sua curiosidade a olhar para o que *não* é azul.

A Criatura — Quer dizer...

Eu — ...o pálido e refinado rosto rosa-amarelado de *O Menino Azul*.

A Criatura — É verdade. E ao mesmo tempo "assinala o objetivo final do artista", o semblante do menino.

Eu — Precisa sair correndo à minha frente para a conclusão?

A Criatura — Eu não seria mulher se não gostasse de ficar com a última palavra.

Eu — A última coisa que posso permitir é deixá-la acreditar que está com ela.

A Criatura — O que quer dizer com "deixar-me acreditar"?

Eu — Ainda não lhe falei tudo sobre o Ritmo.

A Criatura — Oh!, está bem. Isto significa apenas que terei muitas outras palavras finais.

Eu — Esperemos.

A Criatura — Estou certa disso. E a fim de prová-lo vou lhe dar até algumas *primeiras* palavras. Aqui está uma.

Trabalhando no teatro – teatro legítimo, se me permite – de repertório e na Broadway, verifiquei que esse velho e confiável "Tempo" me era muito útil. O senhor o maltratou há poucos minutos atrás. Na realidade, ele me salvou muitas vezes quando eu não sabia como proceder...

EU – (*Oh!, como estou satisfeito!*) Sim, exatamente – quando não sabia como proceder! Você apenas se apressava por sobre os momentos embaraçosos até que soubesse como proceder. Maravilhoso! Tenho visto representações em que os atores aparentemente não tinham a menor idéia do que deviam fazer porque todos os elementos que se podia descobrir em três atos eram somente "Tempo" e aquele outro salvador de momentos difíceis, "Entonação". (*Dei-lhe uma palmadinha no ombro, bem-humorado.*) Minha querida amiga, é melhor você prender-se às últimas palavras.

A CRIATURA – O senhor é horroroso. Num repertório, o pobre ator com freqüência não tem tempo ou oportunidade de descobrir como proceder.

EU – Que não minta então. Que esboce a situação ligeiramente. Que deslize sobre ela de um modo verdadeiro – então, esporeado pelo momento, poderá descobrir o que deve fazer. Tais coisas acontecem na vida real. Você encontra alguém a quem supunha estar fora da cidade e com quem não gostaria de encontrar-se, e espontaneamente você começa a atuar. Você pega sua deixa e responde. Afinal de contas, é isto que o autor quer de você. Respostas espontâneas às suas deixas.

A CRIATURA – Mas onde se consegue essa espontaneidade?

EU – Em um desenvolvido senso de Ritmo. Não de Tempo, por certo, que significa apenas lento, médio, rápido. Isto é limitado demais. O Ritmo, de outro lado, tem uma vibração eterna, infinita. Todas as coisas criadas vivem pelo Ritmo, pela transição de uma coisa definida a outra maior ainda. Tome esta fala, por exemplo:

Em verdade, mentis; pois todos vos chamam simplesmente Kate,
A formosa Kate, e às vezes Kate a maldita;
Mas, sempre Kate, a mais bela Kate da Cristandade,
Kate de Kate-Hall, minha super-gostosa Kate
Pois bom-bocados são todas as gostosas Kates*; se por ser assim, Kate,
Recebei isto de mim, Kate de meu consolo; –
Ouvindo vossa brandura louvada em todas as cidades,
Vossa virtude proclamada, e vossa virtude cantada,
Aliás, não tão profundamente quanto vos caberia, –
Eu mesmo sou movido a pretender-vos para minha mulher.**

Trata-se, como você bem sabe, de uma parte da Cena I, Ato II, de *A Megera Domada*. Esta fala pode ser mortalmente monótona, se proferida por um ator sem nenhum senso de Ritmo. E velocidade ou Tempo não o salvarão. Quanto mais depressa falar, mais monótono soará. Mas já ouvi esta fala sendo recitada por um intérprete que conhecia o valor das "mudanças" de "simplesmente" para "formosa", de "maldita" para "a mais bela", de "Kate-Hall" para "super-gostosa" e assim por diante. Asseguro-lhe que nunca escutei fala mais curta em minha vida. Era uma avalanche de mudanças; uma dose de admiração que é o mais breve tempo mensurável no teatro. A prova mais brilhante da diferença entre "Tempo" e "Ritmo" é o primeiro solilóquio de Cláudio no *Hamlet*, que começa assim:

Ó, meu crime é repelente, seu cheiro chega ao céu;
Tem sobre si a primeira das mais antigas maldições, –

---

* Trocadilho intraduzível com *cates* = iguarias.
** You lie, in faith; for you are call'd plain Kate,
And bonny Kate, and sometimes Kate the curst;
But, Kate, the prettiest Kate in Christendom,
Kate of Kate-Hall, my super-dainty Kate,
For dainties are all cates; and therefore, Kate,
Take this of me, Kate of my consolation; –
Hearing thy mildness prais'd in every town,
Thy virtues spoke of, and thy beauty sounded, –
Yet not so deeply as to thee belong, –
Myself am mov'd to woo thee for my wife.

> A do assassínio de um irmão! — Rezar não posso,
> Por agudo que seja meu desejo de fazê-lo:
> Mais forte é minha culpa que derrota meu forte intento;
> E, como um homem obrigado a duplo negócio,
> Permaneço em pausa lá onde deveria primeiro começar,
> E ambos negligencio...*

Estude-o algum dia. Percebe agora?

A CRIATURA — Percebo uma única coisa. Mais exercícios estão entrando em meu dia-a-dia, já tão atarefado.

EU — Bem, a última palavra é sua, qual será ela?

A CRIATURA — Qualquer coisa que me capacite a "Estimular progressivamente a atenção de meus espectadores".

EU — Bravo! Você é uma vítima anuente. Neste caso, a provação será simples. Para um ator, o trabalho de adquirir um senso de Ritmo é uma questão de entregar-se livre e inteiramente a qualquer Ritmo que lhe ocorra encontrar na vida. Em outras palavras, ele não deve ser imune aos Ritmos que o rodeiam.

A CRIATURA — Mas para fazê-lo, é preciso saber e compreender o que o Ritmo é. Suponha que eu seja surda ao Ritmo ou, dirá o senhor, inconsciente? O que devo fazer?

EU — "Ir a um convento de freiras; e depressa. Adeus."

A CRIATURA — Oh, por favor... Eu acho realmente que não tenho nenhum senso de Ritmo.

EU — Você está enganada. Não há pedra no universo sem algum sentido de Ritmo. Alguns poucos atores, talvez, porém muito poucos. Todo ser normal o tem. Às vezes, não desenvolvido, em estado latente, é verdade. Mas com um pequeno esforço ele virá à tona.

---

* O, my offence is rank, it smells to heaven;
It hath the primal eldest curse upon't, —
A brother's murder! — Pray can I not,
Though inclination be as sharp as will:
My stronger guilt defeats my strong intent;
And, like a man to double business bound,
I stand in pause where I shall first begin,
And both neglect...

A CRIATURA – Não me torture agora. Diga-me como se faz.

EU – Não me apresse. É um assunto dos mais difíceis para explicar exatamente porque é tão simples e universal. Uma criança nasce com a manifestação do Ritmo nela presente. Respira. Um belo começo que a natureza proporciona a todo mundo. Depois disso, segue-se o desenvolvimento. Primeiro, ao andar, segundo ao falar e terceiro nas emoções. Um passo, uma palavra, uma emoção transforma-se em outra e depois em outra, cada qual com o mesmo dever de obediência, um objetivo final em vista. É o primeiro nível do Ritmo – consciência. O segundo nível chega quando forças externas impõem a você o meu Ritmo. Quando você caminha, se move e gesticula com ou para os outros. Quando anda em fila, corre para encontrar um amigo; aperta a mão de um inimigo. Quando suas palavras respondem a outras palavras, que a empolgam ou a mantêm quieta. Quando suas emoções constituem a resposta direta e resultam dos sentimentos de outra pessoa.

A CRIATURA – Qual é o terceiro nível?

EU – Quando você comanda e cria o seu próprio Ritmo e o de outros. É a perfeição. Não se apresse a alcançá-lo. O estudante deve começar com o segundo nível. Tudo o que se exige dele é que observe tais manifestações na vida real e as armazene em seu cérebro. Especial atenção precisa ser dada aos resultados de diferentes Ritmos. A melhor coisa para começar é a música, pois nela o Ritmo é mais pronunciado. Vá a um concerto; um realejo de rua, se preferir, servirá exatamente do mesmo modo. Mas escute-o com todo o seu ser, inteiramente descontraída e pronta a ser empolgada pelos compassos definidos na música. Entregue-se às emoções que ela lhe traz. Deixe-as mudar com as mudanças na música. Acima de tudo, esteja atenta e seja flexível. Passe da música às outras artes, destas às ocorrências cotidianas.

A CRIATURA – (*Em êxtase, como sempre quando descobre que dois mais dois são quatro.*) Agora eu sei. Foi o que me aconteceu aqui, nesta altura. Entreguei-me inteiramente à terrível mudança de Ritmo, executada tão rápido, tão magistralmente.

EU — Tão impressionantemente. Um elefante cambalearia sob o efeito desta mudança. Não é grande virtude para você.

A CRIATURA — Muita bondade, caro senhor, mas esta não há de ser a sua última palavra. Suponha por um momento que sou sensível à música. Aonde vou? Ao que devo ser sensível em seguida?

A CRIATURA — Você já é sensível a um insignificante pulo no ar, de uns mil pés de altura.

A CRIATURA — Por favor!

EU — Você é sensível ao Ritmo das ruas de Nova York. Você quase me tirou o fôlego.

A CRIATURA — Mas não serei sensível ao seu humor! Ele chega a aborrecer.

EU — Sinto muito por desapontá-la de novo. (*Desconfio que ela está falando seriamente.*) Você *é* sensível ao meu humor porque modificou a força de sua voz; a velocidade de suas palavras; a dose de exigência em seu pedido. Você mudou seu Ritmo.

A CRIATURA — Algum dia hei de aprender como discutir com o senhor. Por favor, diga-me: a que devo prestar atenção depois de responder livre e facilmente à música?

EU — (*Ela solicita tão ternamente que eu sigo minha própria receita e modifico meu Ritmo. Tomo-lhe a mão e a conduzo até a balaustrada.*) Não olhe para mim agora, minha querida amiga, olhe para o espaço e ouça o seu ouvido interno. A música, e as outras artes que a seguem naturalmente, serão apenas uma estrada aberta para o todo do universo. Não perca nada nele. Ouça as ondas do mar. Absorva a sua arrastadora mudança de tempo com o corpo, o cérebro e a alma. Fale a elas como fez Demóstenes e não esmoreça após a primeira tentativa. Que o significado e o Ritmo de suas palavras seja uma continuação do eterno som dessas ondas. Inale seu espírito e sinta como se você e elas fossem uma só coisa, ainda que por um instante apenas. Isto a tornará capaz, no futuro, de retratar os papéis eternos da literatura universal. Faça a mesma experiência com os bosques, as campinas, os rios, o céu no alto – depois volte-se para a cidade e agite o seu espírito ao som de suas vibrações, como fez com suas criativas trepidações. Não se esqueça das pequenas cidades, quietas e sonhadoras – e, sobretudo, não se esqueça dos seres humanos, seus semelhantes. Seja sensível a cada mudança na manifestação de suas existências. Responda a essa mudança sempre com um novo e mais elevado nível de seu próprio Ritmo. Eis o segredo da existência, perseverança e atividade. É isto que o mundo realmente é – desde a pedra até a alma humana. O teatro e o ator entram nesse quadro apenas como parte. Mas o ator não pode retratar o todo se não se tornou uma parte.

A CRIATURA – (*Muito pensativa e tristemente.*) Estou mortificada.

EU – Por quê?

A CRIATURA – Pensando quão ocupada vou estar nos próximos meses.

EU – De fato. Mas você saberá sempre "o que fazer em seguida". Não é um consolo?

A CRIATURA – Como não! Minhas recomendações ao "Como"! Vamos embora?

(*É o que fazemos. O elevador nos conduz, zás-trás, para baixo. A rua nos engole – e nós mudamos o nosso Ritmo.*)

TEATRO NA PERSPECTIVA

A PERSONAGEM DE FICÇÃO – Décio de Almeida Prado e outros (D001)
O SENTIDO E A MÁSCARA – Gerd A. Bornheim (D008)
A TRAGÉDIA GRECA – Albin Lesky (D032)
MAIAKÓSVSKI E O TEATRO DE VANGUARDA – Angelo M. Ripellino (D042)
O TEATRO E SUA REALIDADE – Bernard Dort (D127)
SEMIOLOGIA DO TEATRO – Org. J. Guinsburg e J. T. Coelho Netto (D138)
TEATRO MODERNO – Anatol Rosenfeld (D153)
O TEATRO ONTEM E HOJE – Célia Berrettini (D166)
OFICINA: DO TEATRO AO TE-ATO – Armando Sérgio da Silva (D175)
MITO E HERÓI NO MODERNO TEATRO BRASILEIRO – Anatol Rosenfeld (D179)
NATUREZA E SENTIDO DA IMPROVISAÇÃO TEATRAL – Sandra Chacra (D183)
JOGOS TEATRAIS – Ingrid D. Koudela (D189)
STANISLAVSKI E O TEATRO DE ARTE DE MOSCOU – J. Guinsburg (D192)
O TEATRO ÉPICO – Anatol Rosenfeld (D193)
EXERCÍCIO FINDO – Décio de Almeida Prado (D199)
O TEATRO BRASILEIRO MODERNO – Décio de Almeida Prado (D211)
QORPO SANTO: SURREALISMO OU ABSURDO? – Eudinyr Fraga (D212)
PERFORMANCE COMO LINGUAGEM – Renato Cohen (D219)
O JAZZ COMO ESPETÁCULO – Carlos Calado (D236)
BUNRAKU: UM TEATRO DE BONECOS – Sakae M. Giroux e Tae Suzuki (D241)
NO REINO DA DESIGUALDADE – Maria Lúcia de Souza B. Pupo (D244)

A ARTE DO ATOR – Richard Boleslavski (D246)
JOÃO CAETANO – Décio de Almeida Prado (E011)
MESTRES DO TEATRO I – John Gassner (E036)
MESTRES DO TEATRO II – John Gassner (E048)
ARTAUD O TEATRO – Alain Virmaux (E058)
IMPROVISAÇÃO PARA O TEATRO – Viola Spolin (E062)
JOGO, TEATRO & PENSAMENTO – Richard Courtney (E076)
TEATRO: LESTE & OESTE – Leonard C. Pronko (E080)
UMA ATRIZ: CACILDA BECKER – Org. de Nanci Fernandes e Maria T. Vargas (E086)
TBC: CRÔNICA DE UM SONHO – Alberto Guzik (E090)
OS PROCESSOS CRIATIVOS DE ROBERT WILSON – Luiz Roberto Galizia (E091)
NELSON RODRIGUES: DRAMATURGIA E ENCENAÇÕES – Sábato Magaldi (E098)
JOSÉ DE ALENCAR E O TEATRO – João Roberto Faria (E100)
SOBRE O TRABALHO DO ATOR – Mauro Meiches e Silvia Fernandes (E013)
ARTHUR DE AZEVEDO: A PALAVRA E O RISO – Antonio Martins (E107)
TEATRO DA MILITÂNCIA – Silvana Garcia (E113)
BRECHT: UM JOGO DE APRENDIZAGEM – Ingrid D. Koudela (E117)
O ATOR NO SÉCULO XX – Odette Aslan (E119)
ZEAMI: CENA E PENSAMENTO NÔ – Sakae M. Giroux (E122)
DO GROTESCO E DO SUBLIME – Victor Hugo (EL05)
O CENÁRIO NO AVESSO – Sábato Magaldi (EL10)
A LINGUAGEM DE BECKETT – Célia Berrettini (EL23)
IDÉIA DE TEATRO – José Ortega y Gasset (EL25)
O ROMANCE EXPERIMENTAL E O NATURALISMO NO TEATRO – Emile Zola (EL35)
DUAS FARSAS: O EMBRIÃO DO TEATRO DE MOLIÈRE – Célia Berrettini (EL36)
MARTAA A ÁRVORE E O RELÓGIO – Jorge Andrade (T001)
O DIBUK – Sch. An-Ski (T005)
LEONE DE' SOMMI: UM JUDEU NO TEATRO DA RENASCENÇA ITALIANA – Org. J. Guinsburg (T008)
URGÊNCIA E RUPTURA – Consuelo de Castro (T010)
TEATRO E SOCIEDADE: SHAKESPEARE – Guy Boquet (K015)
EQUUS – Peter Shaffer (P006)